増やしたもん勝ち英単

自然編

前田和彦 著
いなちゃ 絵

7×7×7の習慣で、散歩しながら
爆発させるように語彙増強

燃焼社

目 次

はじめに		5
第 一 章	水	15
第 二 章	空気	55
第 三 章	土	93
第 四 章	火	133
第 五 章	天気	161
第 六 章	宇宙	183
第 七 章	現象	205
おわりに		222

はじめに

　ついに「自然編」の完成です。ずいぶん前から授業では使用していたのですが、やっと一冊の本にまとまりました。

　今回は「自然編」ですので、目に見えるものから見えないものまで、いくらでもあります。なにも難しい単語を英語にする必要はありません。簡単な語彙でいいので、まず日本語でどんどん連想していきましょう。ところが、意外と小学生でも知っている日本語でも英語にするのは難しいものがあるのです。例えば、みなさんは「水」が"water"であることはご存知のはずですが、「水道水」「浄水」となるとすぐに英語にできますか？この本では「水」から連想できる単語を200以上ご紹介しています。そして、「空気」「土」「火」「天気」「宇宙」「現象」と続きます。

　この本を片手に、少し散歩してみてください。水がない場所ってありますか？空気がない場所ってありますか？土がない場所ってありますか？これらの言葉からたくさんの言葉を連想することができます。それを英語にしていくのです。

　いろんな学生たちを見ていて思ったのですが、やはり、無理に自分に興味のないものから始める必要はないと思います。好きなものをまず7倍、そしてそれをさらに7倍、そしてまた7倍、としていく習慣を身につければ、そのうち、自分に興味がないはずの語彙も覚えていくことが苦にならなくなるのです。

　「自然」に興味がないのなら、「動物」「植物」「人体」のどれ

かをまず合格点にしてみましょう。

だけど、散歩しながら**自然に**語彙を増やせたら素晴らしいと思いませんか？

次の結果は、「動物編」「植物編」「人体編」でも紹介しておりますので、もうご覧になった方は飛ばしてください。

＊ある単語テストの結果

（対象1回目70名、2ヶ月後54名、4ヶ月後54名）

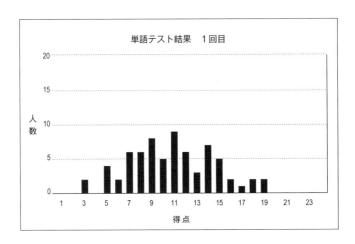

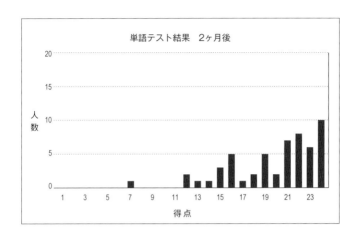

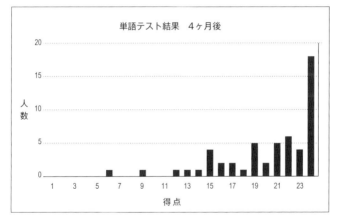

　これは、ある大学1回生同クラスの単語テストの結果です。対象は中学の英語からつまずいた「英語スローラーナー」たちです。どんな単語を使ったのかは、ここでは恥ずかしい

ので一つしか紹介しませんが、大部分は高校で習うべき単語（24個）だったとだけお伝えしておきましょう。

【問題例】

The bird <u>spread</u> its wings.

(a) つくろった
(b) 広げた
(c) 羽ばたかせた
(d) 震わせた
(e) たたんだ

1回目のテストでは、放物線になっています。これは、点数から見てもお分かりの通り、学生たちがほぼ適当に選んでいることが見て取れます。

週に1度のクラスなので3週間同じ問題を行いました。学生も「先生、これ前やったよ。」と言いましたが、「だったら、満点取ってください。」と言ってやりました。2回目では、満点を取る学生はまだ少なかったのですが、3回目となると、さすがに満点を取る学生が出てきました。2回目、3回目では、学生同士で、カンニングさながら、友達と相談しても良い、ということでさせました。

面白いのはここからです。2ヶ月後に抜き打ちテストを行いました。ご覧のとおり、結構いい成績になっているのが分かります。そして、夏休みを迎え、さらに休み明け、抜き

打ちテスト。英語スローラーナーが夏休みに英語の勉強をするとは考えにくいでしょう。結果はなんと、2ヶ月後よりも満点を取る学生が多くなっていました。

英語スローラーナーの思いすごし

どうしてこういうことが起きたのでしょう。実は、「**英語は難しい。**」「**英語は出来ない。**」「**英単語が覚えられない。**」と思っている英語スローラーナーのほとんどは、ただの「**思いすごし**」なのです。同じことを3週間連続で言うと、ほとんどの学生は「先生、また言ってる」とうんざりしてきます。いつの間にか覚えているからです。そして、2ヶ月後の抜き打ちテストで満点取れなかった学生は、友人に負けた悔しさから無意識の内に自分が間違えた単語を覚えてしまうのです。それが、4ヶ月後、このような結果となった訳です。これらの学生たちは無理に単語を勉強しなくても、楽に長期間覚えられることを証明してくれたのです。

継続は力なり

「ゲームのキャラクターの難しい名前などは覚えられるのに、勉強となると覚えられない。」という学生がいます。私もそうでした。もし、ゲームで遊ぶことなしに、「まずキャラクターの名前を覚えなさい。」と言えばどうでしょう。毎日、キャラクターの名前を100回書きますか？嫌になるのではない

でしょうか。嫌なことを継続しても辛いだけです。ゲームばかりしていて、「キャラクターの名前や技の名前は難しいので覚えたくない。」というプレーヤーは少ないと思います。

そうです。ただ、習慣にすればいいのです。何も無理して難しい英単語を覚えようとする必要はありません。「勉強」と思うから、また、「テストがあるから」と思うから、嫌なものを覚えることが苦痛になるのです。

実は、もっと**楽に英語の世界に入る**ことができるのです。

アハ体験で「学習」から「楽修」へ

「毎日見るものを英語にしていく。」「分からなかったら調べる。」「忘れたら調べる。」これを毎日繰り返すだけです。最初、私はいちいちノートに取っていましたが、これは時間の無駄だと気づきました。単語を忘れることを気にせず、調べ直せば良いのです。すると、「あー！この単語何だったっけ！」と思った時に、辞書で調べた時、「あ、そうだった、そうだった」とすごく嬉しく感じることに気づきました。後で知ったのですが、これがあの有名な「茂木健一郎先生」の言う**「アハ体験」**だったのです。本当に脳がくすぐられているみたいに気持ちがよくなります。しかも、茂木先生曰く、「アハ体験をすると脳の活動が活性化し、頭が良くなる」とのこと。

このお陰で、私みたいな元「英語の落ちこぼれ」でも、「アハ体験」をしながら英語を**学習**、いや、**楽修（楽に修得）**出来た訳です。

「英語落ちこぼれ」から「初TOEIC900点突破!」 「英検2級すら受けず英検1級一発合格!」へ

　英語の落ちこぼれだった私は、毎日アメリカの町を散歩しながら、この方法で語彙を爆発的に増やしました。例えば、「病院を見かけたら、日本語で思いつく病気の名前を英語にしていく。」「忘れたら悔しいけど、もう一度調べると『アハ体験』ができる。」を繰り返しました。

　ある日、ホストファミリーの娘さんが「髄膜炎」に侵された時、「髄膜炎」"meningitis"という言葉を覚えていた私はすぐに英語で話について行くことが出来たのです。こんな単語を知っている人は英語の先生でもあまりいないと思います。

　お陰で、高校の時、英語のテストで30点以上取ったことがなかった私が、初めて受けたTOEICで935点を取り、受けたことがなかった英検も、いきなり1級を合格することが出来たのです。

「トピック」×「テーマ」で一気に語彙爆発

　今回は「自然編」です。身近なものを7つピックアップし、さらにテーマを7つ。そして、そのテーマ一つにつき7つ。これで少なくとも $7 \times 7 \times 7 = 343$ 語。それぞれ10個以上紹介しておりますので、その気になれば、一週間散歩しながら $7 \times 7 \times 10 = 490$、さらにプラス α で500語以上は覚えることができるはずです。

どうして7つなのか。ただ、「ラッキー7」と掛けただけというのもありますが、「10個中7つで合格」ぐらいの気持ちの方が楽だと思ったからです。

机にしがみつく必要はありません。子どもが「これ何、あれ何」と聞いて来るように、自分に問いかけて英語で自分に教えてあげられるようになってみませんか。

さあ、この本と一緒に散歩に出かけましょう！

もう一つ、単語を覚える秘訣は、と言うと、自分の身近な人間と競争し合うことです。「こいつには負けたくない！」と思う人と一緒にやってみるとさらに効果が上がります。

7つのトピック

トピックは下の7種類にしました。興味のあるものから始めていかれてはどうでしょうか。

1. 水
2. 空気
3. 土
4. 火
5. 天気
6. 宇宙
7. 現象

7つのテーマ

テーマに分類することによって連想しやすくしています。すでに出版された「動物編」「植物編」「人体編」と同じです。

1. 仲間
2. 部分
3. 関係あるもの（人）
4. 修飾語
5. 動詞
6. 言葉
7. 表現

テーマは私が勝手に選んだものですが、テーマによって最低10個はご紹介しておきます。中には20以上思いつくものがあります。皆さんも自分で新しいテーマを思いついたら、ぜひ使ってみてください。

まずは、7 × 7 × 7 = 343語を目標に。それから、「自然」だけで500語以上を目指しましょう。

練習問題

それぞれのテーマの後に練習問題をつけております。英語に出来るかどうか、です。忘れても心配せず、とにかく、

何度も繰り返し、早く最低7つ英語で言えるようになること
を目標としてください。

チョット一息

それぞれのトピックについて、英語ではどんな表現がある
のか、を載せております。

総復習問題

それぞれのトピックに対するテーマだけを書いてありま
す。そこから、想像力を働かせて日本語と英語を思い出して
ください。英語で思い出せるようになるまでやってみましょ
う。

それから、この本の扉の絵を引き受けていただいた、高橋
美貫先生とお嬢様（MASH様）、イラストの中谷佳子様、そ
して、最後に本書の出版にあたっていろいろとご支援、ご指
導をくださった燃焼社社長の藤波優様には心より御礼申し上
げます。

▶ 第一章

水

　最初のトピックは「水」です。これは生きていくのに欠かせないものですね。「水」からいったいいくつの単語が連想できるのか、がんばってみましょう。

1-1　まず、最初のテーマは「水の仲間」です。「水」は英語で"water"。これは皆さんご存知だと思いますので省きます。

　「川」、「湖」、「海」はたくさんの語彙があるので、別にご紹介させていただきます。

　なお、「雨」に関する語彙は「天気」のトピックでご紹介します。

1. 水道水：tap water
2. 浄水：purified water
3. 活水：active water
4. 降水：precipitation
5. 硬水：hard water
6. 軟水：soft water
7. 聖水：holy water
8. 補給水：make-up water
9. 打ち水：water sprinkling
10. 飲料水：drinking water

まだまだあります。氷関係は「雪」のところでご紹介します。

11. 蒸留水：distilled water
12. 井戸水：spring water, well water
13. お湯：hot water
14. 氷水：iced water
15. 冷却水：cooling water, coolant
16. ぬるま湯：lukewarm water, tepid water
17. 熱湯：boiling water
18. 真水：fresh water
19. 天然水：natural water
20. 名水：famous mineral water
21. 神水（しんすい）：water offered to God
22. 水柱：water column
23. 地下水：ground water
24. 工業用水：industrial water

さあ、ここで練習問題！次の中から7つ以上英語にすることが出来たら合格！ダメでも、焦らずもう一度前のページに戻ってください。

1. 水道水
2. 浄水
3. 活水
4. 降水
5. 硬水
6. 軟水
7. 聖水
8. 補給水
9. 打ち水
10. 飲料水
11. 蒸留水
12. 井戸水
13. お湯
14. 氷水
15. 冷却水
16. ぬるま湯
17. 熱湯
18. 真水
19. 天然水
20. 名水
21. 神水
22. 水柱
23. 地下水
24. 工業用水

1-2

次は「水」は「水」でも、何か混じりけがあるものです。水に見えるものも含めます。飲めるものから、飲みたくないものまでご紹介します。

1. 清涼飲料水：soft drink
2. 炭酸水：carbonated water
3. 淡水：fresh water
4. アルコール：alcohol
5. 雪解け水：meltwater, snow-water
6. 水たまり：puddle, pool
7. うがい水：gargle water
8. 香水：perfume
9. 化粧水：lotion
10. 羊水：amniotic fluid
11. 涙：tear
12. 汗：sweat
13. 水溶液：water solution
14. 電解水：electrolyzed water
15. 過酸化水素水：hydrogen peroxide water
16. 液体：liquid
17. 泥水：muddy water
18. 汚水：dirty water, polluted water
19. 下水：waste water, sewage

さあ、ここで練習問題！次の中から７つ以上英語にすることが出来たら合格！ダメでも、焦らずもう一度前のページに戻ってください。

1. 清涼飲料水
2. 炭酸水
3. 淡水
4. アルコール
5. 雪解け水
6. 水たまり
7. うがい水
8. 香水
9. 化粧水
10. 羊水
11. 涙
12. 汗
13. 水溶液
14. 電解水
15. 過酸化水素水
16. 液体
17. 泥水
18. 汚水
19. 下水

1-3

今度のテーマは「川の仲間」です。私も英語を勉強中、川を眺めながら、辞書を頼りに語彙を増やしました。

1. 川：river
2. 小川：stream, brook
3. 急流：rapid
4. 滝：fall, waterfall
5. 瀑布：cataract, cascade
6. 奔流（ほんりゅう）：torrent
7. 支流：tributary
8. 渓流：mountain stream
9. 洪水：flood
10. 濁流：muddy stream
11. 河口：outlet
12. 三角州：delta
13. 河川敷：riverbed
14. 入江：estuary
15. 運河：canal

さあ、ここで練習問題！次の中から7つ以上英語にすることが出来たら合格！ダメでも、焦らずもう一度前のページに戻ってください。

1. 川
2. 小川
3. 急流
4. 滝
5. 瀑布
6. 奔流
7. 支流
8. 渓流
9. 洪水
10. 濁流
11. 河口
12. 三角州
13. 河川敷
14. 入江
15. 運河

1-4 今度のテーマは「湖の仲間」です。

1. 湖：lake
2. 池：pond
3. 貯水池：reservoir
4. ため池：small reservoir
5. 水源：water source, headspring
6. 三日月湖：oxbow lake
7. 火口湖：crater lake
8. カルデラ湖：caldera lake
9. 断層湖：fault lake
10. 沼：marsh, swamp, bog
11. 人工湖：artificial(man-made) lake
12. 酸性湖：acid lake
13. 地底湖：underground(subterranean) lake
14. 淡水湖：freshwater lake

さあ、ここで練習問題！次の中から7つ以上英語にすることが出来たら合格！ダメでも、焦らずもう一度前のページに戻ってください。

1. 湖
2. 池
3. 貯水池
4. ため池
5. 水源
6. 三日月湖
7. 火口湖
8. カルデラ湖
9. 断層湖
10. 沼
11. 人工湖
12. 酸性湖
13. 地底湖
14. 淡水湖

1-5 今度のテーマは「海の仲間」です。

1. 海：sea
2. 太平洋：the Pacific Ocean
3. 大西洋：the Atlantic Ocean
4. 北極海：Arctic Ocean
5. 地中海：the Mediterranean Sea
6. 深海：abyss
7. 領海：territorial waters
8. 赤潮：red tide
9. 黒潮：Japan current
10. 漁業水域：fishery zone
11. 海域：sea area
12. 公海：open sea, international waters
13. 死海：the Dead Sea
14. 排他的経済水域：
    exclusive economic zone, EEZ

ところで、「○○の仲間」と「○○の部分」と「○○に関係あるもの」との境界線が微妙だということに気づいた方もおられると思いますが、ここは数を稼ぐためにも独断で行かせてください。

さあ、ここで練習問題！次の中から7つ以上英語にすることが出来たら合格！ダメでも、焦らずもう一度前のページに戻ってください。

1. 海
2. 太平洋
3. 大西洋
4. 北極海
5. 地中海
6. 深海
7. 領海
8. 赤潮
9. 黒潮
10. 漁業水域
11. 海域
12. 公海
13. 死海
14. 排他的経済水域

2-1 今度のテーマは「水の部分」です。結構思いつきにくかったのですが、細かいものまで入れました。

1. 水滴 : water droplet
2. 水蒸気 : water vapor
3. 露 : dew
4. 水しぶき : splash
5. 湿気 : damp, humidity
6. 水分 : moisture
7. 水素 : hydrogen
8. 酸素 : oxygen
9. 分子 : molecule
10. 原子 : atom
11. 電子 : electron
12. 原子核 : nucleus

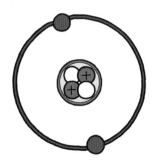

さあ、ここで練習問題！次の中から7つ以上英語にすることが出来たら合格！ダメでも、焦らずもう一度前のページに戻ってください。

1. 水滴
2. 水蒸気
3. 露
4. 水しぶき
5. 湿気
6. 水分
7. 水素
8. 酸素
9. 分子
10. 原子
11. 電子
12. 原子核

2-2 今度のテーマは「川と湖の部分」です。

1. 土手：bank
2. 川岸：riverbank
3. 川沿い：riverside
4. 川底：river bottom
5. 川上：upper part of river, upstream
6. 川下：lower part of river, downstream
7. 川面（かわも）：river surface
8. 上流：upstream
9. 中流：midstream
10. 下流：downstream
11. 流域：basin
12. 地下水脈：
    underground water, ground water artery
13. 湖畔：lakeside
14. 湖底：the bottom of a lake
15. 水面：water surface

さあ、ここで練習問題！次の中から7つ以上英語にすることが出来たら合格！ダメでも、焦らずもう一度前のページに戻ってください。

1. 土手
2. 川岸
3. 川沿い
4. 川底
5. 川上
6. 川下
7. 川面
8. 上流
9. 中流
10. 下流
11. 流域
12. 地下水脈
13. 湖畔
14. 湖底
15. 水面

2-3 今度のテーマは「海の部分」です。

1. 海岸 : seashore, coast
2. 海峡 : strait
3. 湾 : bay, gulf
4. 海面 : sea surface
5. 海底 : sea bottom
6. 海流 : ocean current
7. 潮 : tide
8. 満ち潮 : high tide
9. 引き潮 : low tide
10. 波 : wave
11. 大波 : billow, surge
12. さざ波 : ripple
13. 高波 : tidal wave
14. うねり : undulation
15. 津波 : Tsunami
16. 渦巻き : whirlpool
17. 沖 : offshore
18. 海溝 : trench
19. 海辺 : seacoast

さあ、ここで練習問題！次の中から7つ以上英語にすることが出来たら合格！ダメでも、焦らずもう一度前のページに戻ってください。

1. 海岸
2. 海峡
3. 湾
4. 海面
5. 海底
6. 海流
7. 潮
8. 満ち潮
9. 引き潮
10. 波
11. 大波
12. さざ波
13. 高波
14. うねり
15. 津波
16. 渦巻き
17. 沖
18. 海溝
19. 海辺

第一章　水

3-1　今度のテーマは「水と関係あるもの（人）」です。水があるから存在するものを連想してみました。他にもたくさんあると思いますが、とりあえず30個、ご紹介します。

1. 水道：waterworks
2. 蛇口：faucet
3. 水槽：water tank
4. 水田：paddy
5. ホース：hose《/hóuz/》
6. 下水道：sewer
7. 排水溝：drain
8. 溝：ditch
9. 噴水：fountain
10. 瓶：bottle, jar
11. コップ：glass
12. 水力発電：water-power generation
13. 水路：waterway
14. じょうろ：watering pot
15. 注射：injection
16. 灌漑（かんがい）：irrigation
17. 配管工：plumber
18. 水洗トイレ：flush toilet
19. 洗濯：laundry
20. 水車：water wheel, water mill
21. 水筒：water bottle, canteen

22. 水鉄砲：water pistol, squirt gun
23. 水門：water gate, flood gate
24. なべ料理：one-pot dish
25. ひしゃく：dipper
26. おたま：ladle
27. 水煙草：hookah, waterpipe
28. 水族館：aquarium
29. 水道局：the Waterworks Bureau
30. 農林水産省：
    the Ministry of Agriculture, Forestry and Fisheries

第一章　水

さあ、ここで練習問題！次の中から7つ以上英語にすることが出来たら合格！ダメでも、焦らずもう一度前のページに戻ってください。

1. 水道
2. 蛇口
3. 水槽
4. 水田
5. ホース
6. 下水道
7. 排水溝
8. 溝
9. 噴水
10. 瓶
11. コップ
12. 水力発電
13. 水路
14. じょうろ
15. 注射
16. 灌漑
17. 配管工
18. 水洗トイレ
19. 洗濯
20. 水車
21. 水筒
22. 水鉄砲
23. 水門
24. なべ料理
25. ひしゃく
26. おたま
27. 水煙草
28. 水族館
29. 水道局
30. 農林水産省

3-2 今度のテーマは「川、湖、海と関係あるもの(人)」
です。

1. 橋 : bridge
2. 釣り : fishing
3. 釣り人 : angler
4. 船 : ship, vessel
5. 堤防 : bank
6. 堰(せき) : dam
7. 潜水士 : diver
8. 海岸通り : seafront
9. 防波堤 : breakwater
10. 海抜 : above sea level
11. 海上自衛隊 :
    the Maritime Self-Defense Force
12. 海兵隊 : marine
13. 海軍 : navy
14. 人魚 : mermaid
15. 海賊 : pirate
16. 潜水艦 : submarine

さあ、ここで練習問題！次の中から7つ以上英語にすることが出来たら合格！ダメでも、焦らずもう一度前のページに戻ってください。

1. 橋
2. 釣り
3. 釣り人
4. 船
5. 堤防
6. 堰
7. 潜水士
8. 海岸通り
9. 防波堤
10. 海抜
11. 海上自衛隊
12. 海兵隊
13. 海軍
14. 人魚
15. 海賊
16. 潜水艦

4-1 今度のテーマは「『水』にかかる修飾語」です。

1. 澄んだ水 : pure water
2. きれいな水 : clean water
3. 豊富な水 : abundant water
4. 透明な水 : clear water
5. 過剰な水 : excess water
6. 十分な水 : plenty of water
7. 割り当てられた水 : allocated water
8. 塩素消毒をした水 : chlorinated water
9. なまぬるい水 : lukewarm water
10. 泡立っている水 : foaming water
11. 酸性水 : acidic water
12. アルカリ水 : alkaline water
13. 有毒な水 : poisonous water
14. 害のある水 : harmful water
15. 汚染された水 : polluted(contaminated) water
16. よどんだ水 : dead(stagnant) water
17. 腐った水 : foul water
18. 静止した水 : still water
19. 防水 : waterproof
20. 撥水 : water repellent

第一章　水

　さあ、ここで練習問題！次の中から7つ以上英語にすることが出来たら合格！ダメでも、焦らずもう一度前のページに戻ってください。

1. 澄んだ水
2. きれいな水
3. 豊富な水
4. 透明な水
5. 過剰な水
6. 十分な水
7. 割り当てられた水
8. 塩素消毒をした水
9. なまぬるい水
10. 泡立っている水
11. 酸性水
12. アルカリ水
13. 有毒な水
14. 害のある水
15. 汚染された水
16. よどんだ水
17. 腐った水
18. 静止した水
19. 防水
20. 撥水

5-1 今度のテーマは「『水』に関する動詞」です。まず、「水」がすることから行きましょう。

1. 流れる：flow
2. 凍る：freeze
3. 沸騰する：boil
4. ぽたぽたたれる：drip
5. 渦巻く：eddy
6. しみこむ：sink
7. 濡らす：wet, dampen, moisten
8. 詰まる：back up
9. ずぶ濡れにする：drench
10. したたり落ちる：trickle
11. 蒸発する：vaporize
12. 漏れる：leak
13. 溜まる：collect

第一章　水

さあ、ここで練習問題！次の中から7つ以上英語にすることが出来たら合格！ダメでも、焦らずもう一度前のページに戻ってください。

1. 流れる
2. 凍る
3. 沸騰する
4. ぽたぽたたれる
5. 渦巻く
6. しみこむ
7. 濡らす
8. 詰まる
9. ずぶ濡れにする
10. したたり落ちる
11. 蒸発する
12. 漏れる
13. 溜まる

5-2 次も「『水』に関する動詞」です。「霧を吹く」、「放水する」などは英語にすると、"water"という語と一緒に使うので、別のグループとして後でご紹介しましょう。

1. 浸す：dip, soak
2. 注ぐ：pour
3. こぼす：spill
4. かける：splash
5. 貯める：store
6. 殺菌する：sterilize
7. すすぐ：rinse
8. ゆすぐ：wash out
9. うがいをする：gargle
10. 飲む：drink
11. がぶ飲みする：swig
12. すする：sip
13. ぐいと飲む：gulp
14. 沈む：sink

第一章　水

さあ、ここで練習問題！次の中から7つ以上英語にすることが出来たら合格！ダメでも、焦らずもう一度前のページに戻ってください。

1. 浸す
2. 注ぐ
3. こぼす
4. かける
5. 貯める
6. 殺菌する
7. すすぐ

8. ゆすぐ
9. うがいをする
10. 飲む
11. がぶ飲みする
12. すする
13. ぐいと飲む
14. 沈む

5-3 今度のテーマも「『水』に関する動詞」です。今度は「水」という言葉を伴うものです。少し違うものも含めています。

1. 霧を吹く：spray water
2. 放水する：discharge water
3. 節水する：conserve water, save water
4. 散水する：sprinkle water
5. 水を蒸留する：distill water
6. 水を抜く：drain water
7. 水をあける：dump water
8. 水をこす：filter water
9. 水をくみ上げる：pump water
10. 給水する：supply with water
11. 断水する：cut off the water
12. 水没する：go under water
13. 脱水する：dehydrate
14. 浸透する：permeate, infiltrate
15. 浸水する：be flooded

第一章　水

さあ、ここで練習問題！次の中から7つ以上英語にすることが出来たら合格！ダメでも、焦らずもう一度前のページに戻ってください。

1. 霧を吹く
2. 放水する
3. 節水する
4. 散水する
5. 水を蒸留する
6. 水を抜く
7. 水をあける
8. 水をこす
9. 水をくみ上げる
10. 給水する
11. 断水する
12. 水没する
13. 脱水する
14. 浸透する
15. 浸水する

6-1 今度のテーマは「『水』を使った言葉」です。

1. 水平線 : horizon, horizontal line
2. 水兵 : sailor
3. 炭水化物 : carbohydrate
4. 水菓子 : fruit
5. 水玉模様 : a polka-dot pattern
6. ミズスマシ : whirligig beetle
7. 水晶 : crystal
8. 水晶体 : crystalline lens
9. 水虫 : athlete's foot
10. 水ぼうそう : chickenpox
11. 恐水病 : hydrophobia
12. 水掛け論 : an endless dispute
13. 水子 : aborted(stillborn, miscarried) fetus
14. 水商売 : bar and restaurant business
15. 水あめ : starch syrup
16. 水かき : web
17. 水無月 : October
18. 破水 : water breaking

さあ、ここで練習問題！次の中から7つ以上英語にすることが出来たら合格！ダメでも、焦らずもう一度前のページに戻ってください。

1. 水平線
2. 水兵
3. 炭水化物
4. 水菓子
5. 水玉模様
6. ミズスマシ
7. 水晶
8. 水晶体
9. 水虫
10. 水ぼうそう
11. 恐水病
12. 水掛け論
13. 水子
14. 水商売
15. 水あめ
16. 水かき
17. 水無月
18. 破水

6-2 今度のテーマは「『川』、『海』を使った言葉」です。

1. 川柳（せんりゅう）: seventeen-syllable poem
2. 三途（さんず）の川 : Styx
3. 河童 : river sprite
4. 海外 : foreign, abroad, overseas
5. 海開き : opening of swimming season
6. 海豹（あざらし）: seal
7. 海星（ひとで）: starfish
8. 海産物 : marine products
9. 海女 : woman diver
10. 海鳴り : sea roaring
11. 海苔（のり）: seaweed
12. 海鼠（なまこ）: sea cucumber
13. 海豚（いるか）: dolphin
14. 海老（えび）: shrimp, prawn
15. 海猫（うみねこ）: black-tailed gull
16. 海月（くらげ）: jellyfish
17. 海坊主 : sea goblin
18. 海驢（あしか）: sea lion

さあ、ここで練習問題！次の中から7つ以上英語にすることが出来たら合格！ダメでも、焦らずもう一度前のページに戻ってください。

1. 川柳
2. 三途の川
3. 河童
4. 海外
5. 海開き
6. 海豹
7. 海星
8. 海産物
9. 海女
10. 海鳴り
11. 海苔
12. 海鼠
13. 海豚
14. 海老
15. 海猫
16. 海月
17. 海坊主
18. 海驢

7-1 今度のテーマは「『水』を使った表現」です。

1. 水面下で：in secret
2. 水入らず：with no one else present
3. 水を差す：ruin
4. 汗水流して働く：work hard
5. カラスの行水：a quick bath
6. 年寄りの冷や水：an old man's indiscretions
7. 湯水のように使う：spend recklessly
8. 寝耳に水：a complete surprise
9. 上手の手から水が漏る：
    Even Homer sometimes nods.
10. 水に流そう：Let bygones be bygones.
11. 水を打ったように静か：complete silence
12. 覆水盆に返らず：
    It's no use crying over spilt milk.
13. 我田引水：
    turning something to one's own advantage
14. 水もしたたる〜：beautiful

第一章　水

　さあ、ここで練習問題！次の中から7つ以上英語にすることが出来たら合格！ダメでも、焦らずもう一度前のページに戻ってください。

1. 水面下で
2. 水入らず
3. 水を差す
4. 汗水流して働く
5. カラスの行水
6. 年寄りの冷や水
7. 湯水のように使う
8. 寝耳に水
9. 上手の手から水が漏る
10. 水に流そう
11. 水を打ったように静か
12. 覆水盆に返らず
13. 我田引水
14. 水もしたたる〜

● **チョット一息**

　これまでで、7つ以上のテーマでそれぞれ7つ以上ご紹介しました。水で手や顔を洗ったり、水を飲んだりしたとき、思い出すようにしてください。全部で200以上ありますので、余裕のある人はチャレンジしてください。でも、ここら辺でちょっと休憩しましょう。

英語の面白表現　「水」

| その **1** | "be in hot water"
「お湯の中にいる」 |

意味：苦境にある。
由来：一説によると、昔、ある国を襲った敵を熱湯に放り込んだ、ということらしい。

＊ピンチに陥ったと思ったとき、思い出してみましょう。

その 2	"dead in the water" 「水の中で死んでいる」

意味：身動きがとれない。
由来：昔、風に頼って航海をしていたとき、風がやむと進めなかったことから出来た表現のようである。

＊以前、ゲリラ豪雨のため、緊急に非難したパチンコ店からしばらく出られなくなったことがありました。そのとき、この表現が頭に浮かびました。

その 3	"There are plenty of fish in the sea." 「海にはたくさんの魚がいる」

意味：他に選択肢はいくらでもある。
由来：一説によると、16世紀アメリカで使われたことから広がった模様。特に恋人を失ったときの慰めの言葉として多く使われるようである。

＊失恋した時にはぜひ思い出してください。

総復習問題

それでは、「水」からいくつの単語が連想できるか力試し。7つのテーマに対して、少なくとも7つ、全部で49語言えれば合格。ダメでも無理せず、水を観察しながら頑張ってください

1. 水の仲間

2. 水の部分

3. 水と関係あるもの（人）

4. 「水」にかかる修飾語

5. 「水」に関する動詞

6. 「水」を使った言葉

7. 「水」を使った表現

余裕がある人は、他のテーマも思い出してやってみましょう。

▶ 第二章

空気

1-1 次は「空気」です。最初のテーマは「空気の仲間」です。「酸素」は既出なので省きます。液体でも固体でもないと判断したものをできる限りご紹介します。それから「風」は結構たくさんあるので、別のテーマでご紹介します。

1. 空気 : air
2. 気体 : gas
3. 煙 : smoke
4. 雰囲気 : ambience
5. 大気 : atmosphere
6. 外気 : fresh air
7. 息 : breath
8. ヘリウム : helium
9. 成層圏 : stratosphere
10. 電離層 : ionosphere
11. 大気圏 : the atmosphere
12. オゾン層 : ozone layer
13. 景気 : business
14. 妖気 : weird air(feeling)
15. 邪気 : malice, malevolence

第二章　空気

さあ、ここで練習問題！次の中から7つ以上英語にすることが出来たら合格！ダメでも、焦らずもう一度前のページに戻ってください。

1. 空気
2. 気体
3. 煙
4. 雰囲気
5. 大気
6. 外気
7. 息
8. ヘリウム
9. 成層圏
10. 電離層
11. 大気圏
12. オゾン層
13. 景気
14. 妖気
15. 邪気

1-2 今度のテーマは「風の仲間」です。

1. 風 : wind
2. 嵐 : storm
3. そよ風 : breeze
4. 微風 : gentle(light) wind
5. 潮風 : sea breeze
6. 気流 : air current
7. 送風 : ventilation
8. 強風 : strong wind, gale
9. 暴風 : violent wind, wind storm
10. 暴風雨 : rain storm, tempest
11. 台風 : typhoon
12. つむじ風 : whirlwind
13. 竜巻 : tornado

第二章　空気

さあ、ここで練習問題！次の中から7つ以上英語にすることが出来たら合格！ダメでも、焦らずもう一度前のページに戻ってください。

1. 風
2. 嵐
3. そよ風
4. 微風
5. 潮風
6. 気流
7. 送風
8. 強風
9. 暴風
10. 暴風雨
11. 台風
12. つむじ風
13. 竜巻

2-1 今度のテーマは「空気の部分」です。空気に含まれているものや、空気と一緒に吸い込んでしまいそうなものもご紹介します。

1. 窒素 : nitrogen
2. 二酸化炭素 : carbon dioxide
3. 一酸化炭素 : carbon monoxide
4. 気泡 : air bubble
5. 泡 : bubble
6. (せっけんなどの) 泡 : foam
7. 光化学スモッグ : photochemical smog
8. 気圧 : air pressure
9. におい : smell
10. 香り : scent
11. 芳香 : aroma
12. 口臭 : bad(fowl) breath
13. 体臭 : body odor
14. ほこり : dust
15. 花粉 : pollen
16. ウィルス : virus《/vάɪrəs/》

さあ、ここで練習問題！次の中から7つ以上英語にすることが出来たら合格！ダメでも、焦らずもう一度前のページに戻ってください。

1. 窒素
2. 二酸化炭素
3. 一酸化炭素
4. 気泡
5. 泡
6. （せっけんなどの）泡
7. 光化学スモッグ
8. 気圧
9. におい
10. 香り
11. 芳香
12. 口臭
13. 体臭
14. ほこり
15. 花粉
16. ウィルス

2-2 今度のテーマは「風の部分」です。「風に関係あるもの」でもいいものもあるかも知れません。とにかく、覚えたもん勝ちです。

1. 風上 : windward
2. 風下 : downwind
3. 追い風 : tailwind
4. 向かい風 : headwind
5. 空っ風 : dry wind
6. 無風 : windless, calm
7. すきま風 : draft
8. 風力 : wind power
9. 風向 : wind direction
10. 風速 : wind speed(velocity)
11. 台風一過 :
    clear weather after a typhoon has passed
12. 台風進路 : prediction of typhoon movement
13. 台風の目 : the eye of a typhoon
14. 台風被害 : typhoon damage

第二章　空気

　さあ、ここで練習問題！次の中から7つ以上英語にすることが出来たら合格！ダメでも、焦らずもう一度前のページに戻ってください。

1. 風上
2. 風下
3. 追い風
4. 向かい風
5. 空っ風
6. 無風
7. すきま風
8. 風力
9. 風向
10. 風速
11. 台風一過
12. 台風進路
13. 台風の目
14. 台風被害

3-1 今度のテーマは「空気と関係あるもの(人)」です。

1. 空気入れ : inflator
2. 空気枕 : air cushion
3. パンク : flat tire
4. エアコン : air conditioner
5. 空気清浄器 : air-cleaning machine
6. 酸素吸入器 : oxygen inhaler
7. 酸素ボンベ : oxygen cylinder
8. 浮き輪 : swim ring
9. 飛行船 : airship, dirigible
10. 気球 : balloon
11. 空気銃 : air gun, air rifle
12. ブイ : buoy《/búːi, bɔɪ/》
13. (釣りの)浮き : float
14. 救命胴衣 : life vest(jacket)
15. 通気口 : vent hole
16. 空気感染 : airborne(aerial) infection

第二章　空気

さあ、ここで練習問題！次の中から7つ以上英語にすることが出来たら合格！ダメでも、焦らずもう一度前のページに戻ってください。

1. 空気入れ
2. 空気枕
3. パンク
4. エアコン
5. 空気清浄器
6. 酸素吸入器
7. 酸素ボンベ
8. 浮き輪
9. 飛行船
10. 気球
11. 空気銃
12. ブイ
13. （釣りの）浮き
14. 救命胴衣
15. 通気口
16. 空気感染

3-2 今度のテーマは「風と関係あるもの(人)」です。

1. 扇風機 : electric fan
2. うちわ : round fan
3. 扇子 (せんす) : folding fan
4. 風見鶏 : weathercock
5. 風向計 : wind vane
6. 風力計 : anemometer
7. 風速計 : wind gauge
8. かざぐるま : pinwheel
9. 風車 : windmill
10. 風力発電 : wind power generation
11. 風よけ : awning, windshield
12. 通気 : aeration

さあ、ここで練習問題！次の中から7つ以上英語にすることが出来たら合格！ダメでも、焦らずもう一度前のページに戻ってください。

1. 扇風機
2. うちわ
3. 扇子
4. 風見鶏
5. 風向計
6. 風力計
7. 風速計
8. かざぐるま
9. 風車
10. 風力発電
11. 風よけ
12. 通気

4-1 今度のテーマは「『空気』にかかる修飾語」です。

1. 乾燥空気：dry air
2. 圧縮空気：compressed air
3. 澄んだ空気：clear air
4. 新鮮な空気：fresh air
5. よごれた空気：foul air
6. よどんだ空気：stagnant air
7. 液体空気：liquid air
8. 湿っぽい空気：damp(moist) air
9. 汚染された空気：polluted air
10. 希薄な空気：rarefied air
11. すがすがしい空気：refreshing air
12. 息苦しい空気：stifling air
13. 窒息するような空気：suffocating air

第二章　空気

　さあ、ここで練習問題！次の中から7つ以上英語にすることが出来たら合格！ダメでも、焦らずもう一度前のページに戻ってください。

1. 乾燥空気
2. 圧縮空気
3. 澄んだ空気
4. 新鮮な空気
5. よごれた空気
6. よどんだ空気
7. 液体空気
8. 湿っぽい空気
9. 汚染された空気
10. 希薄な空気
11. すがすがしい空気
12. 息苦しい空気
13. 窒息するような空気

4-2 今度のテーマは「『におい・香り』にかかる修飾語」です。『におい』に関してはあまりいい意味のものが浮かびませんでした。

1. 美味しそうなにおい：delicious(savory) smell
2. かすかなにおい：faint smell
3. 土くさいにおい：earthy smell
4. きなくさいにおい：burnt smell
5. かびくさいにおい：stale smell
6. 吐き気を催させるにおい：nauseous smell
7. 強烈なにおい：overpowering smell
8. しつこいにおい：persistent smell
9. 鼻につんとくるにおい：pungent smell
10. 腐ったようなにおい：rancid smell
11. むかつくようなにおい：revolting smell
12. 異様なにおい：unusual smell
13. ひどい悪臭：awful smell
14. うまそうな香り：savory aroma
15. 潮の香り：salt tang of the sea
16. 独特の香り：special flavor
17. じゃこうの香り：musky smell
18. バラの香り：scent of roses
19. 危険な香り：
    smell of danger, dangerous smell
20. 春の香り：fragrance of spring

さあ、ここで練習問題！次の中から7つ以上英語にすることが出来たら合格！ダメでも、焦らずもう一度前のページに戻ってください。

1. 美味しそうなにおい
2. かすかなにおい
3. 土くさいにおい
4. きなくさいにおい
5. かびくさいにおい
6. 吐き気を催させるにおい
7. 強烈なにおい
8. しつこいにおい
9. 鼻につんとくるにおい
10. 腐ったようなにおい
11. むかつくようなにおい
12. 異様なにおい
13. ひどい悪臭
14. うまそうな香り

15. 潮の香り
16. 独特の香り
17. じゃこうの香り
18. バラの香り
19. 危険な香り
20. 春の香り

第二章　空気

5-1 今度のテーマは「『空気』に関する動詞」です。「『息』に関する動詞」も含みます。

1. 吸い込む：breathe in, inhale
2. 吐き出す：breathe out, exhale
3. 呼吸する：breathe
4. 深呼吸する：breathe deeply
5. 噴出する：spout
6. 浄化する：clean, purify
7. （空気が）もれる：leak
8. 空気が抜ける：deflate
9. 息を吹き込む：breathe into
10. 息を吹きかける：blow on
11. 息を止める：hold one's breath
12. 息を吹き返す：come to life, come round

さあ、ここで練習問題！次の中から7つ以上英語にすることが出来たら合格！ダメでも、焦らずもう一度前のページに戻ってください。

1. 吸い込む
2. 吐き出す
3. 呼吸する
4. 深呼吸する
5. 噴出する
6. 浄化する
7. （空気が）もれる
8. 空気が抜ける
9. 息を吹き込む
10. 息を吹きかける
11. 息を止める
12. 息を吹き返す

第二章　空気

6-1　今度のテーマは「『空気』を使った言葉」です。「空気」ではあまり思いつかなかったので、「空」から行きます。

1. 空調：air conditioning
2. 空虚：empty, hollow
3. 空想：fantasy, daydream
4. 空港：airport
5. 空襲：air raid
6. 空席：vacant(unoccupied) seat
7. 空車：empty car
8. 空白：blank
9. 空腹：hunger
10. 空砲：blank shot
11. 空輸：air transportation
12. 空欄：blank column
13. 空軍：air force
14. 空耳（そらみみ）：mishearing
15. 架空：fictional, fictitious
16. 滑空：glide

さあ、ここで練習問題！次の中から7つ以上英語にすることが出来たら合格！ダメでも、焦らずもう一度前のページに戻ってください。

1. 空調
2. 空虚
3. 空想
4. 空港
5. 空襲
6. 空席
7. 空車
8. 空白
9. 空腹
10. 空砲
11. 空輸
12. 空欄
13. 空軍
14. 空耳
15. 架空
16. 滑空

第二章　空気

6-2　今度のテーマも「『空気』を使った言葉」です。今度は「気」で行きます。結構たくさんあるので、まず二字から行きます。

1. 元気 : vitality
2. 活気 : spirit, vigor
3. 運気 : luck
4. 一気 : nonstop
5. 塩気（しおけ）: saltiness
6. 強気 : aggressive
7. 弱気 : weak
8. 健気（けなげ）: brave
9. 磁気 : magnetism
10. 士気 : fighting spirit
11. 換気 : ventilation
12. 色気（いろけ）: sex appeal
13. 陽気 : cheerful, lively
14. 陰気 : gloomy
15. 産気（さんけ）: labor
16. 気功 : breath control, qigong
17. 気力 : energy
18. 短気 : irritable, short-tempered
19. 根気 : patience
20. 気合 : fighting spirit
21. 平気 : calm, cool

22. 気性 : nature
23. 人気（にんき）: popularity
24. 人気（ひとけ）: signs of life
25. 悪気（わるぎ）: malice, ill will
26. 嫌気（いやけ）: reluctance, disinclination
27. 才気（さいき）: brilliant mind
28. 寒気（さむけ）: chill
29. 殺気（さっき）: atmosphere of menace
30. 狂気 : madness, insanity

第二章　空気

さあ、ここで練習問題！次の中から7つ以上英語にすることが出来たら合格！ダメでも、焦らずもう一度前のページに戻ってください。

1. 元気
2. 活気
3. 運気
4. 一気
5. 塩気
6. 強気
7. 弱気
8. 健気
9. 磁気
10. 士気
11. 換気
12. 色気
13. 陽気
14. 陰気
15. 産気
16. 気功
17. 気力
18. 短気
19. 根気
20. 気合
21. 平気
22. 気性
23. 人気（にんき）
24. 人気（ひとけ）
25. 悪気
26. 嫌気
27. 才気
28. 寒気
29. 殺気
30. 狂気

6-3 今度も「気」です。三字以上のものをご紹介します。

1. やる気 : motivation
2. 移り気 : unreliable, capricious
3. 一本気 : single-minded
4. 快気祝 : celebration for recovery from illness
5. 小気味 : feeling, sentiment
6. 女っ気 : female presence
7. 空元気 : pretending one is fine
8. 気分屋 : moody person
9. 商売気 : mercenary mind
10. 意気込み : eagerness, enthusiasm
11. 意気衝天 : in high spirits
12. 意気消沈 : in low spirits
13. 意気揚々 : in proud spirits
14. 意気投合 : hit it off
15. 血気盛ん : vigorous
16. 景気づけ : cheering up

第二章　空気

さあ、ここで練習問題！次の中から7つ以上英語にすることが出来たら合格！ダメでも、焦らずもう一度前のページに戻ってください。

1. やる気
2. 移り気
3. 一本気
4. 快気祝
5. 小気味
6. 女っ気
7. 空元気
8. 気分屋
9. 商売気
10. 意気込み
11. 意気衝天
12. 意気消沈
13. 意気揚々
14. 意気投合
15. 血気盛ん
16. 景気づけ

6-4 今度は「『風』を使った言葉」です。

1. 風変り：batty
2. 風情（ふぜい）：taste
3. 風呂：bath
4. 風呂敷：wrapping cloth
5. 風疹（ふうしん）：German measles
6. 風化（ふうか）：weathering
7. 風味（ふうみ）：flavor
8. 風穴（かざあな）：windhole
9. 風土（ふうど）：natural features of a region
10. 風土病：local(endemic) disease
11. 風紀：public morals, discipline
12. 風習：customs
13. 風潮（ふうちょう）：trend
14. 風格：character
15. 風邪：cold
16. 風流：elegant, refined
17. 風景：scenery, landscape
18. 痛風（つうふう）：gout
19. 屏風（びょうぶ）：folding screen
20. 中風（ちゅうぶ）：paralysis
21. 風水（ふうすい）：Chinese geomancy
22. 磁気嵐：magnetic storm

第二章　空気

さあ、ここで練習問題！次の中から7つ以上英語にすることが出来たら合格！ダメでも、焦らずもう一度前のページに戻ってください。

1. 風変り
2. 風情
3. 風呂
4. 風呂敷
5. 風疹
6. 風化
7. 風味
8. 風穴
9. 風土
10. 風土病
11. 風紀
12. 風習
13. 風潮
14. 風格
15. 風邪
16. 風流
17. 風景
18. 痛風
19. 屏風
20. 中風
21. 風水
22. 磁気嵐

7-1 今度のテーマは「『空気』を使った表現」です。「『空』・『風』を使った表現」も含めます。「気」を使った表現はかなりたくさんありますので、別にご紹介します。

1. 空気を読む：read the situation
2. 空気が読めない：unable to read the situation
3. 机上の空論：impractical proposition
4. 空前絶後：the first and the last
5. 風の便り：rumor
6. 風上にも置けない：intolerable
7. 肩で風を切る：swagger
8. 臆病風に吹かれる：get nervous, turn chicken
9. 子供は風の子：
   Children are happy to be outdoors in all weathers.
10. 風前の灯：hang by a thread
11. 順風満帆：having a satisfying life
12. 風光明媚：beautiful
13. 威風堂々：majestic
14. 花鳥風月：nature
15. 風来坊：wanderer
16. 殺風景：out of taste
17. 波風を立てる：cause trouble

第二章　空気

さあ、ここで練習問題！次の中から7つ以上英語にすることが出来たら合格！ダメでも、焦らずもう一度前のページに戻ってください。

1. 空気を読む
2. 空気が読めない
3. 机上の空論
4. 空前絶後
5. 風の便り
6. 風上にも置けない
7. 肩で風を切る
8. 臆病風に吹かれる
9. 子供は風の子
10. 風前の灯
11. 順風満帆
12. 風光明媚
13. 威風堂々
14. 花鳥風月
15. 風来坊
16. 殺風景
17. 波風を立てる

7-2 今度のテーマも「『空気』を使った表現」です。「『気』を使った表現」は結構ありますので、2グループに分けることにします。まずは「気が〜」で始まる表現からです。

1. 気が早い：hasty
2. 気が短い：short-tempered
3. 気が長い：patient
4. 気が遠くなる：feel faint
5. 気が置けない：easy to get on with
6. 気が利かない：not considerate
7. 気が気じゃない：feel uneasy
8. 気が狂う：go crazy(mad)
9. 気がする：feel
10. 気が緩む（ゆるむ）：feel relaxed
11. 気が変わる：change one's mind
12. 気が急く（せく）：feel impatient
13. 気が向く：feel like doing
14. 気がつく〈行き届くの意〉：attentive
15. 気がつく〈正気に返るの意〉：come to
16. 気が大きくなる：take courage
17. 気が小さい：shy, timid
18. 気が荒い：bad-tempered
19. 血の気が多い：hot-blooded
20. 血の気が引く：go pale

さあ、ここで練習問題！次の中から7つ以上英語にすることが出来たら合格！ダメでも、焦らずもう一度前のページに戻ってください。

1. 気が早い
2. 気が短い
3. 気が長い
4. 気が遠くなる
5. 気が置けない
6. 気が利かない
7. 気が気じゃない
8. 気が狂う
9. 気がする
10. 気が緩む
11. 気が変わる
12. 気が急く
13. 気が向く
14. 気がつく〈行き届くの意〉

15. 気がつく〈正気に返るの意〉
16. 気が大きくなる
17. 気が小さい
18. 気が荒い
19. 血の気が多い
20. 血の気が引く

7-3 今度も「『気』を使った表現」です。「気が〜」以外のものをご紹介します。

1. 気を失う：faint, pass(black) out
2. 気をもむ：worry
3. 気を付ける：be careful, pay attention
4. 気を遣う：be concerned with someone
5. 気にする：mind
6. 気になる：be concerned
7. 気に留める：keep in mind
8. 大人気（おとなげ）ない：childish, immature
9. 気兼ねなく：without hesitation
10. 気難しい：difficult, hard to please
11. 気味が悪い：weird
12. 意気地なし：coward, weak-minded
13. 若気の至り：young and thoughtless

さあ、ここで練習問題！次の中から７つ以上英語にすることが出来たら合格！ダメでも、焦らずもう一度前のページに戻ってください。

1. 気を失う
2. 気をもむ
3. 気を付ける
4. 気を遣う
5. 気にする
6. 気になる
7. 気に留める
8. 大人気ない
9. 気兼ねなく
10. 気難しい
11. 気味が悪い
12. 意気地なし
13. 若気の至り

第二章　空気

● **チョット一息**

　これまでで、7つ以上のテーマでそれぞれ7つ以上ご紹介しました。息をしていることを実感したとき思い出すようにしてください。全部で200以上ありますので、余裕のある人はチャレンジしてください。でも、ここら辺でちょっと休憩しましょう。

英語の面白表現　「空気」

その **1**	"out of thin air" 「薄い空気から」

意味：無から。どこからともなく。
由来：詳細は不明だが、文字通り空中からまるで突然現れたからできた表現であろうと思われる。

＊マジック・ショーではよくある「出現」のマジック。私も時々近所の子どもたちに見せてあげます。まさに空気中から物を取りだす、という感じです。

その ❷	"break wind" 「風を壊す」

意味：おならをする。
由来：これも語源は不明だが、「げっぷ」同様、身体から出る音に関して敏感な世界でできた婉曲な表現であろう。

＊げっぷもあまりいいものではありませんが、日本でもおならは人前では本当に気をつけないといけません。一人のときにこっそりして、この表現を思い出してください。

その ❸	"up in the air" 「空気の中、上に向かって」

意味：未解決で。
由来：18世紀中期ぐらいからよく似た表現が使われていたらしく、20世紀初期にこの形で使われるようになった模様。

＊世の中のこのような事件は、早く解決してもらいたいものです。

総復習問題

　それでは、「空気」からいくつの単語が連想できるか力試し。7つのテーマに対して、少なくとも7つ、全部で49語言えれば合格。ダメでも無理せず、空気を感じながら頑張ってください。

1. 空気の仲間

2. 空気の部分

3. 空気と関係あるもの（人）

4. 「空気」にかかる修飾語

5. 「空気」に関する動詞

6. 「空気」を使った言葉

7. 「空気」を使った表現

　余裕がある人は、他のテーマも思い出してやってみましょう。

▶ 第三章

土

1-1 最初のテーマは「土の仲間」です。「山」、「島」関係はたくさんありますので、別にご紹介します。

1. 土：soil
2. 砂：sand
3. 石：stone
4. 小石：pebble
5. 砂利（じゃり）：gravel
6. 丸石：boulder
7. 粘土：clay
8. 岩：rock
9. 泥：mud
10. 灰：ash
11. 砂漠：desert
12. 平野：field
13. 平地：flatland
14. 平原：plain
15. 土地：ground
16. 陸：land
17. 地面：bare ground
18. 砂場：sandbox
19. 流砂：quicksand

第三章　土

さあ、ここで練習問題！次の中から7つ以上英語にすることが出来たら合格！ダメでも、焦らずもう一度前のページに戻ってください。

1. 土
2. 砂
3. 石
4. 小石
5. 砂利
6. 丸石
7. 粘土
8. 岩
9. 泥
10. 灰
11. 砂漠
12. 平野
13. 平地
14. 平原
15. 土地
16. 陸
17. 地面
18. 砂場
19. 流砂

1-2 次も「土の仲間」です。今度は「石の仲間」です。多すぎるので、独断で比較的よく聞く石にします。

1. 火打石 : flint
2. 貴石 : precious stone
3. 宝石 : jewel, gem
4. 磁石 : magnet
5. 猫目石 : cat's-eye
6. 天然石 : natural stone
7. 誕生石 : birthstone
8. 踏み石 : stepping stone
9. 庭石 : garden stone(rock)
10. 石英 : quartz
11. 金剛石 : diamond
12. 鍾乳石 : stalactite
13. 〈池・庭などの〉置き石 : decorative stone(boulder)
14. 飛び石 : stepping stone
15. 墓石 : tombstone, gravestone
16. 原石 : ore
17. 鉱石 : mineral

第三章　土

さあ、ここで練習問題！次の中から7つ以上英語にすることが出来たら合格！ダメでも、焦らずもう一度前のページに戻ってください。

1. 火打石
2. 貴石
3. 宝石
4. 磁石
5. 猫目石
6. 天然石
7. 誕生石
8. 踏み石
9. 庭石
10. 石英
11. 金剛石
12. 鍾乳石
13. 〈池・庭などの〉置き石
14. 飛び石
15. 墓石
16. 原石
17. 鉱石

1-3 次も「土の仲間」です。今度は「岩の仲間」です。これも多すぎるので、独断で地理の時間に聞いたことがありそうな岩にします。

1. 花崗岩：granite
2. 火山岩：volcanic rock
3. 泥岩：mudstone
4. 溶岩：lava
5. 岩塩：rock salt
6. 玄武岩：basalt
7. 火成岩：igneous rock
8. 変成岩：metamorphic rock
9. 堆積岩：sedimentary rock
10. 砂岩：sandstone
11. 礫岩（れきがん）：conglomerate
12. 石灰岩：limestone

第三章　土

さあ、ここで練習問題！次の中から7つ以上英語にすることが出来たら合格！ダメでも、焦らずもう一度前のページに戻ってください。

1. 花崗岩
2. 火山岩
3. 泥岩
4. 溶岩
5. 岩塩
6. 玄武岩
7. 火成岩
8. 変成岩
9. 堆積岩
10. 砂岩
11. 礫岩
12. 石灰岩

1-4 次は「山の仲間」です。

1. 山 : mountain
2. 山脈 : mountain range
3. 火山 : volcano
4. 海底火山 : submarine volcano
5. 活火山 : active volcano
6. 休火山 : dormant volcano
7. 死火山 : dead(extinct) volcano
8. 山並み : chain of mountains
9. 丘 : hill
10. 台地 : plateau
11. 高地 : highland
12. 盆地 : basin

第三章　土

　さあ、ここで練習問題！次の中から7つ以上英語にすることが出来たら合格！ダメでも、焦らずもう一度前のページに戻ってください。

1. 山
2. 山脈
3. 火山
4. 海底火山
5. 活火山
6. 休火山
7. 死火山
8. 山並み
9. 丘
10. 台地
11. 高地
12. 盆地

1-5 次は「島の仲間」です。

1. 島：island
2. 大陸：continent
3. 半島：peninsula
4. 岬：cape
5. 列島：archipelago
6. 陸島（りくとう）：continental island
7. 洋島（ようとう）：oceanic island
8. 大陸棚：continental shelf
9. サンゴ礁：coral reef
10. 環礁（かんしょう）：atoll
11. 無人島：desert island
12. 孤島：isolated island
13. 離れ島：remote island

第三章　土

さあ、ここで練習問題！次の中から7つ以上英語にすることが出来たら合格！ダメでも、焦らずもう一度前のページに戻ってください。

1. 島
2. 大陸
3. 半島
4. 岬
5. 列島
6. 陸島
7. 洋島
8. 大陸棚
9. サンゴ礁
10. 環礁
11. 無人島
12. 孤島
13. 離れ島

2-1 次は「土の部分」です。「陸地の部分」も含めます。

1. 砂粒 : sand grain
2. くぼみ : depression
3. (積み上げた) 山 : mound
4. 傾斜 : slope
5. 上り坂 : upslope
6. 下り坂 : downslope
7. 道 : way
8. 道路 : road
9. 街路 : street
10. 幹線道路 : artery
11. 大通り : highway
12. 行き止まり : dead end
13. 分かれ道 : forked road
14. 十字路 : crossroads
15. 地盤 : ground
16. 土台 : foundation

第三章　土

さあ、ここで練習問題！次の中から7つ以上英語にすることが出来たら合格！ダメでも、焦らずもう一度前のページに戻ってください。

1. 砂粒
2. くぼみ
3. (積み上げた)山
4. 傾斜
5. 上り坂
6. 下り坂
7. 道
8. 道路
9. 街路
10. 幹線道路
11. 大通り
12. 行き止まり
13. 分かれ道
14. 十字路
15. 地盤
16. 土台

2-2 次も「土の部分」ですが、こんどは「山の部分」です。

1. 頂上 : top, summit
2. ふもと : foot, bottom
3. 中腹（ちゅうふく） : mountainside
4. 谷 : valley
5. 峡谷※ : canyon, gorge, ravine
6. 渓谷※ : canyon, gorge, ravine
7. 崖 : cliff
8. 峠 : highest point on a mountain road
9. 山道 : mountain path(trail)
10. 洞窟 : cave
11. 五合目 : mountain's fifth station
12. けもの道 : animal trail

※「峡谷」と「渓谷」の違いは、形ではないようで、川が流れている方が「渓谷」と呼ばれるようです。

第三章　土

さあ、ここで練習問題！次の中から7つ以上英語にすることが出来たら合格！ダメでも、焦らずもう一度前のページに戻ってください。

1. 頂上
2. ふもと
3. 中腹
4. 谷
5. 峡谷
6. 渓谷
7. 崖
8. 峠
9. 山道
10. 洞窟
11. 五合目
12. けもの道

3-1 次は「土と関係あるもの（人）」です。「土地と関係あるもの」も含みます。「山」に関しては後でご紹介します。

1. 地理：geography
2. 地理学者：geographer
3. 地質：geology
4. 地質学者：geologist
5. 地形：topography
6. 地形図：topographic map
7. 等高線：contour line
8. 地図：map
9. メルカトル図法：Mercator projection
10. 地主：landlord, landowner
11. 陸軍：army
12. 農民：farmer
13. 小作農民：peasant
14. 不動産：real estate
15. スコップ：shovel, spade
16. 地盤沈下：land subsidence
17. 土竜（もぐら）：mole
18. 地震：earthquake

さあ、ここで練習問題！次の中から7つ以上英語にすることが出来たら合格！ダメでも、焦らずもう一度前のページに戻ってください。

1. 地理
2. 地理学者
3. 地質
4. 地質学者
5. 地形
6. 地形図
7. 等高線
8. 地図
9. メルカトル図法
10. 地主
11. 陸軍
12. 農民
13. 小作農民
14. 不動産
15. スコップ
16. 地盤沈下
17. 土竜
18. 地震

3-2 次は「山と関係あるもの(人)」です。

1. 山びこ：echo
2. 土砂崩れ：landslide
3. 山伏（やまぶし）：mountain priest
4. 山鳴り：rumbling in a mountain
5. 山ごもり：
 secluding oneself in the mountains
6. 山男〈山に住む〉：hillman, woodsman
7. 山男〈登山家〉：mountaineer, alpinist
8. 山火事：forest fire
9. 山焼き：controlled burning of mountain
10. 山越え：crossing a mountain
11. 山開き：opening of a mountain to climbers
12. 山小屋：mountain hut(cottage, lodge)
13. 山地：mountainous region
14. 山姥（やまんば）：mountain witch
15. 山賊：bandit

第三章　土

さあ、ここで練習問題！次の中から7つ以上英語にすることが出来たら合格！ダメでも、焦らずもう一度前のページに戻ってください。

1. 山びこ
2. 土砂崩れ
3. 山伏
4. 山鳴り
5. 山ごもり
6. 山男〈山に住む〉
7. 山男〈登山家〉
8. 山火事
9. 山焼き
10. 山越え
11. 山開き
12. 山小屋
13. 山地
14. 山姥
15. 山賊

4-1

次は「『土』にかかる修飾語」です。主に「土地関係」です。「山」に関しては後でご紹介します。

1. 肥沃な土 : fertile land
2. 農地 : agricultural land
3. 不毛の地 : barren land
4. 乾燥した土地 : arid land
5. 耕作地 : cultivated land
6. 平坦な土地 : flat land
7. 森林地 : forested land
8. 放牧場 : grazing land
9. 住みよい土地 : hospitable land
10. 私有地 : private land
11. 公有地 : public land
12. 住宅地 : residential land
13. でこぼこした土地 : rough land
14. 聖地 : sacred land
15. 水びたしの土地 : sodden land
16. 石だらけの土地 : stony land
17. 空き地 : vacant land

第三章　土

さあ、ここで練習問題！次の中から7つ以上英語にすることが出来たら合格！ダメでも、焦らずもう一度前のページに戻ってください。

1. 肥沃な土
2. 農地
3. 不毛の地
4. 乾燥した土地
5. 耕作地
6. 平坦な土地
7. 森林地
8. 放牧場
9. 住みよい土地
10. 私有地
11. 公有地
12. 住宅地
13. でこぼこした土地
14. 聖地
15. 水びたしの土地
16. 石だらけの土地
17. 空き地

4-2 次は「『山』にかかる修飾語」です。

1. 岩山 : rocky(craggy) mountain
2. はげ山 : bare mountain
3. 荒涼たる山 : bleak mountain
4. 高い山 : high mountain
5. 円錐形の山 : conical mountain
6. 岩がごろごろしている山 :
   rock-strewn mountain
7. 輪郭がはっきりしない山 :
   dimly defined mountain
8. 緑化された山 : forested mountain
9. 氷で覆われた山 : icy mountain
10. 険しい山 : steep(jagged) mountain
11. 雪におおわれた山 : snowy mountain

さあ、ここで練習問題！次の中から7つ以上英語にすることが出来たら合格！ダメでも、焦らずもう一度前のページに戻ってください。

1. 岩山

2. はげ山

3. 荒涼たる山

4. 高い山

5. 円錐形の山

6. 岩がごろごろしている山

7. 輪郭がはっきりしない山

8. 緑化された山

9. 氷で覆われた山

10. 険しい山

11. 雪におおわれた山

5-1 今度は「『土』に関する動詞」です。「『山』に関する動詞」も一緒にご紹介します。

1. 土地を手に入れる：acquire the land
2. 土地を開発する：develop the land
3. 土地を購入する：purchase the land
4. 土地を開拓する：exploit the land
5. 土地を賃貸する：lease the land
6. 土地を国有にする：nationalize the land
7. 土地を占める：occupy the land
8. 土地を所有する：own(possess) the land
9. 土地を耕す：plow the land
10. 土地を統治する：rule the land
11. 土地を奪う：seize the land
12. 土地を売る：sell one's land
13. 土地を測量する：survey the land
14. 山に登る：climb a mountain
15. 山を下りる：go down a mountain
16. 山を滑り降りる：slide down a mountain
17. 山を越える：go over a mountain

第三章　土

さあ、ここで練習問題！次の中から7つ以上英語にすることが出来たら合格！ダメでも、焦らずもう一度前のページに戻ってください。

1. 土地を手に入れる
2. 土地を開発する
3. 土地を購入する
4. 土地を開拓する
5. 土地を賃貸する
6. 土地を国有にする
7. 土地を占める
8. 土地を所有する
9. 土地を耕す
10. 土地を統治する
11. 土地を奪う
12. 土地を売る
13. 土地を測量する
14. 山に登る
15. 山を下りる
16. 山を滑り降りる
17. 山を越える

6-1 今度は「『土』を使った言葉」です。

1. 土器 : clay pot, earthenware
2. 土偶 (どぐう) : clay doll(figure)
3. 土手腹 (どてっぱら) : stomach, belly
4. 土産 (みやげ) : souvenir
5. 郷土 : hometown, birthplace
6. 冥土 : the other world
7. 土管 : clay(soil) pipe
8. 土鍋 : earthenware pot
9. 土下座 : kneel down on the ground
10. 土壇場 : at the last moment
11. 黄土色 : ocher
12. 土曜日 : Saturday
13. 極楽浄土 : the Land of Happiness, heaven
14. 土木工事 : engineering works
15. 土用の丑の日 : day of the ox in midsummer

第三章　土

さあ、ここで練習問題！次の中から7つ以上英語にすることが出来たら合格！ダメでも、焦らずもう一度前のページに戻ってください。

1. 土器
2. 土偶
3. 土手腹
4. 土産
5. 郷土
6. 冥土
7. 土管
8. 土鍋
9. 土下座
10. 土壇場
11. 黄土色
12. 土曜日
13. 極楽浄土
14. 土木工事
15. 土用の丑の日

6-2 今度は「『地』を使った言葉」です。

1. 意地 : pride, will-power
2. 意固地 : stubborn, obstinate
3. 団地 : housing complex
4. 市街地 : urban(city) area
5. 産地 : producing center
6. 〈衣服の〉生地（きじ）: cloth, texture
7. 〈パンの〉生地（きじ）: dough
8. 下地 : preparations, foundations
9. 裏地 : lining
10. 地蔵 : guardian deity of children
11. 駐屯地 : army post, garrison
12. 地上げ屋 : land shark
13. 天地神明 : gods of heaven and earth
14. 天地無用 : This side up.
15. 地獄 : hell

第三章　土

さあ、ここで練習問題！次の中から7つ以上英語にすることが出来たら合格！ダメでも、焦らずもう一度前のページに戻ってください。

1. 意地
2. 意固地
3. 団地
4. 市街地
5. 産地
6. 〈衣服の〉生地
7. 〈パンの〉生地
8. 下地
9. 裏地
10. 地蔵
11. 駐屯地
12. 地上げ屋
13. 天地神明
14. 天地無用
15. 地獄

6-3 今度は「『山』を使った言葉」です。意外なものがあるものです。

1. 山場：climax, peak
2. 案山子（かかし）：scarecrow
3. 山吹色：bright golden yellow
4. 山椒（さんしょう）：Japanese pepper
5. 山葵（わさび）：Japanese horseradish
6. 山犬：Japanese wolf
7. 山芋（やまいも）：yam
8. 山分け：taking equal shares
9. 山荒らし：porcupine
10. 山かけ〈食べもの〉：
    foods topped with grated yam
11. 山盛り：heap, pile, stack
12. 山車（だし）：float
13. 山椒魚（さんしょううお）：salamander
14. 山積み：huge mound, pile
15. 山猫：wildcat, lynx
16. 沢山：a lot, lots

第三章　土

　さあ、ここで練習問題！次の中から7つ以上英語にすることが出来たら合格！ダメでも、焦らずもう一度前のページに戻ってください。

1. 山場
2. 案山子
3. 山吹色
4. 山椒
5. 山葵
6. 山犬
7. 山芋
8. 山分け
9. 山荒らし
10. 山かけ
11. 山盛り
12. 山車
13. 山椒魚
14. 山積み
15. 山猫
16. 沢山

6-4 今度は「『石』・『砂』を使った言葉」です。

1. 石頭 : stubborn
2. 布石 : preparation
3. 定石 : standard moves
4. 捨て石 : sacrifice
5. 石鹸 : soap
6. 懐石料理 :
   a simple Japanese meal brought in courses
7. 飛び石連休 : off-and-on holidays
8. 流石（さすが）: as one would expect
9. 砂金 : gold dust
10. 砂嚢（さのう）: gizzard
11. 砂糖 : sugar
12. 砂消しゴム : sand eraser
13. 砂時計 : hourglass, sandglass

あ、そうそう、「泥」を使った意外な言葉もご紹介しましょう。

14. 泥棒 : thief
15. 泥沼〈比喩的〉: morass

第三章　土

さあ、ここで練習問題！次の中から7つ以上英語にすることが出来たら合格！ダメでも、焦らずもう一度前のページに戻ってください。

1. 石頭
2. 布石
3. 定石
4. 捨て石
5. 石鹸
6. 懐石料理
7. 飛び石連休
8. 流石
9. 砂金
10. 砂囊
11. 砂糖
12. 砂消しゴム
13. 砂時計
14. 泥棒
15. 泥沼〈比喩的〉

7-1 今度は「『土』を使った表現」です。「土」で、ないことはないのですが、難しいので、「『地』・『石』を使った表現」をご紹介しましょう。それと、一つ「泥」を使った表現もありましたので含めます。

1. 地に落ちる：lost one's reputation
2. 石橋を叩いて渡る：being very careful
3. 焼け石に水：no effect by a small effort
4. 石にかじりついても：
   at any cost, by all means
5. 石の上にも三年：Patience will win.
6. 石車に乗る：fail by getting carried away
7. 電光石火：very quickly, in no time
8. 人を見たら泥棒と思え：Don't trust strangers.
9. 嘘つきは泥棒の始まり：
   Show me a liar and I'll show you a thief.
10. 火事場泥棒：
    one who gets profit out of confusion
11. 雲泥の差：wide difference
12. 顔に泥を塗る：disgrace someone

第三章　土

　さあ、ここで練習問題！次の中から7つ以上英語にすることが出来たら合格！ダメでも、焦らずもう一度前のページに戻ってください。

1. 地に落ちる
2. 石橋を叩いて渡る
3. 焼け石に水
4. 石にかじりついても
5. 石の上にも三年
6. 石車に乗る
7. 電光石火
8. 人を見たら泥棒と思え
9. 嘘つきは泥棒の始まり
10. 火事場泥棒
11. 雲泥の差
12. 顔に泥を塗る

7-2 今度は「『山』を使った表現」です。

1. 関の山 : all one can do
2. 他山の石 : profit by someone's experience
3. 山をはる : try one's luck
4. 山が当たる : One's guess actually happens.
5. 一山当てる : make a hit, strike oil
6. 後は野となれ山となれ :
    I don't care what will happen.
7. ちりも積もれば山となる :
    Many a little makes a mickle.
8. 国破れて山河あり : The country might have fallen, but rivers and mountains didn't.
9. 鹿を追う者は山を見ず :
    Possible benefit makes you blind.
10. 枯れ木も山のにぎわい :
    Half a loaf is better than none.
11. 船頭多くして、船、山へ登る :
    Too many cooks spoil the broth.
12. 氷山の一角 : the tip of the iceberg

さあ、ここで練習問題！次の中から7つ以上英語にすることが出来たら合格！ダメでも、焦らずもう一度前のページに戻ってください。

1. 関の山
2. 他山の石
3. 山をはる
4. 山が当たる
5. 一山当てる
6. 後は野となれ山となれ
7. ちりも積もれば山となる
8. 国破れて山河あり
9. 鹿を追う者は山を見ず
10. 枯れ木も山のにぎわい
11. 船頭多くして、船、山へ登る
12. 氷山の一角

● **チョット一息**

　これまでで、7つ以上のテーマでそれぞれ7つ以上ご紹介しました。歩いて地面を踏みしめながら思い出すようにしてください。全部で200以上ありますので、余裕のある人はチャレンジしてください。でも、ここら辺でちょっと休憩しましょう。

英語の面白表現　「土」

その1　"A rolling stone gathers no moss."
「転がる石に苔は生えない」

意味：イギリスでは「考え方をしばしば変える人は信用できない」の意。アメリカでは「変化することは成功へのカギ」の意。
由来：詳細は不明だが、文字通り、転がる石に苔が生えないところからできた表現であろう。文化によって解釈が異なるようである。

＊職を転々と変えている人を見たら思い出しましょう。ただ、信用できるか、成功するか、は分かりませんが…。

第三章　土

| その 2 | "caught between a rock and a hard place"
「岩と固い場所にはさまって」 |

意味：苦境に陥る。
由来：他のいろいろな表現を元に、20世紀初期頃、アメリカで最初に使用された模様。

＊どうしようもない状況に陥ったとき、思い出してください。

| その 3 | "move mountains"
「山を動かす」 |

意味：奇跡を起こす。
由来：聖書の言葉から来たものと推測される。

＊世の中には不思議なことが起こるものです。もし、みなさんが奇跡と思えることに遭遇したらぜひ思い出してもらいたいものです。

総復習問題

それでは、「土」からいくつの単語が連想できるか力試し。7つのテーマに対して、少なくとも7つ、全部で49語言えれば合格。ダメでも無理せず、大地の偉大さを感じながら頑張ってください。

1. 土の仲間

2. 土の部分

3. 土と関係あるもの（人）

4. 「土」にかかる修飾語

5. 「土」に関する動詞

6. 「土」を使った言葉

7. 「土」を使った表現

余裕がある人は、他のテーマも思い出してやってみましょう。

▶ 第四章

火

1-1 最初のテーマは「火の仲間」です。

1. 火 : fire
2. 炎 : flame
3. 火事 : a fire
4. 山火事 : forest fire
5. 業火 : hell fire
6. ボヤ : incipient fire
7. 不審火 : suspected case of arson
8. たき火 : bonfire
9. 灯火 (とうか) : light, lamplight
10. ともし火 : lamp, torch
11. 強火 : strong fire, high heat
12. 中火 : medium fire (flame)
13. とろ火 : low heat (flame)

第四章　火

さあ、ここで練習問題！次の中から7つ以上英語にすることが出来たら合格！ダメでも、焦らずもう一度前のページに戻ってください。

1. 火
2. 炎
3. 火事
4. 山火事
5. 業火
6. ボヤ
7. 不審火
8. たき火
9. 灯火
10. ともし火
11. 強火
12. 中火
13. とろ火

1-2 次のテーマも「火の仲間」です。どちらかというと、「光の仲間」ですね。

1. 光：light
2. 灯り：lamp, light
3. 照明：illumination, lighting
4. 蛍光：fluorescence
5. 夜光：noctilucence
6. 発光：luminescence, emission of light
7. 自然発光：spontaneous emission
8. 生物発光：bioluminescence
9. 刺激発光：stimulated emission
10. 夕焼け：sunset
11. 朝焼け：a red sky(glow) at sunrise
12. オーロラ：aurora

第四章　火

さあ、ここで練習問題！次の中から7つ以上英語にすることが出来たら合格！ダメでも、焦らずもう一度前のページに戻ってください。

1. 光
2. 灯り
3. 照明
4. 蛍光
5. 夜光
6. 発光
7. 自然発光
8. 生物発光
9. 刺激発光
10. 夕焼け
11. 朝焼け
12. オーロラ

2-1 次のテーマは「火の部分」です。なかなかないものですね。「光の部分」も含めます。

1. 火花 : spark
2. 火種（ひだね）: kindling coal
3. 種火 : pilot light
4. 外炎 : outer flame
5. 内炎 : inner flame
6. 炎心 : flame cone
7. 火先（ひさき、ほさき）: flame tips
8. 飛び火 : flying spark
9. 光線 : ray, beam
10. 紫外線 : ultraviolet ray
11. 赤外線 : infrared ray
12. 可視光線 : visible ray
13. 不可視光線 : invisible ray
14. 光子 : photon
15. 光源 : light source
16. 閃光 : flash

第四章　火

さあ、ここで練習問題！次の中から7つ以上英語にすることが出来たら合格！ダメでも、焦らずもう一度前のページに戻ってください。

1. 火花
2. 火種
3. 種火
4. 外炎
5. 内炎
6. 炎心
7. 火先
8. 飛び火
9. 光線
10. 紫外線
11. 赤外線
12. 可視光線
13. 不可視光線
14. 光子
15. 光源
16. 閃光

3-1 今度のテーマは「火と関係あるもの（人）」です。

1. コンロ：stove
2. 可燃物：combustible, flammable material
3. 炭素：carbon
4. マッチ：match
5. ろうそく：candle
6. 線香：incense stick
7. 放火：arson
8. 放火犯：arsonist
9. 火炎瓶：fire bomb
10. 火炎放射器：flame projector
11. 火縄銃：matchlock gun
12. 発火信号：flash signal
13. 着火装置：ignition device
14. 点火スイッチ：ignition switch
15. 消火器：fire extinguisher
16. 消火栓：hydrant
17. 消防士：fire fighter
18. 消防車：fire engine
19. 花火：fireworks
20. 打ち上げ花火：skyrocket
21. 線香花火：sparkler
22. 花火大会：fireworks display
23. 防火扉：fireproof door

第四章　火

　さあ、ここで練習問題！次の中から7つ以上英語にすることが出来たら合格！ダメでも、焦らずもう一度前のページに戻ってください。

1. コンロ
2. 可燃物
3. 炭素
4. マッチ
5. ろうそく
6. 線香
7. 放火
8. 放火犯
9. 火炎瓶
10. 火炎放射器
11. 火縄銃
12. 発火信号
13. 着火装置
14. 点火スイッチ
15. 消火器
16. 消火栓
17. 消防士
18. 消防車
19. 花火
20. 打ち上げ花火
21. 線香花火
22. 花火大会
23. 防火扉

3-2 今度のテーマは「光と関係あるもの（人）」です。

1. 電灯 : electric light(lamp)
2. 懐中電灯 : flashlight
3. 提灯（ちょうちん）: lantern
4. 電球 : electric(light) bulb
5. 蛍光灯 : fluorescent light(lamp)
6. 街灯 : streetlamp, streetlight
7. 発光塗料 : luminescent paint
8. 夜光塗料 : luminous paint
9. 蛍光塗料 : fluorescent paint
10. 発光ダイオード : light-emitting diode
11. 発光たんぱく質 : luminescent protein
12. 日よけ : sunshade, sunscreen, awning
13. 光合成 : photosynthesis
14. 逆光 : against the sun
15. 走光性 : phototaxis
16. 光速 : light speed
17. 日陰 : shade
18. 影 : shadow
19. 闇 : darkness
20. 月光 : moonlight
21. 光度計 : photometer

第四章　火

　さあ、ここで練習問題！次の中から7つ以上英語にすることが出来たら合格！ダメでも、焦らずもう一度前のページに戻ってください。

1. 電灯
2. 懐中電灯
3. 提灯
4. 電球
5. 蛍光灯
6. 街灯
7. 発光塗料
8. 夜光塗料
9. 蛍光塗料
10. 発光ダイオード
11. 発光たんぱく質
12. 日よけ
13. 光合成
14. 逆光
15. 走光性
16. 光速
17. 日陰
18. 影
19. 闇
20. 月光
21. 光度計

4-1 今度のテーマは「『火』にかかる修飾語」です。「『炎』にかかる修飾語」も含めます。「光」に関しては次にご紹介します。

1. 失火（しっか）: accidental fire
2. さかんな火: big fire
3. 赤々と燃えている火: blazing fire
4. 石炭の火: coal fire
5. 消えた火: dead fire
6. 消えかかった火: dying fire
7. 破壊的な火: destructive fire
8. 勢いの悪い火: dull fire
9. 壊滅的な火: fatal fire
10. 燃えさかる火: raging fire
11. ちらちらゆらめく火: lambent fire
12. 原因不明の火: mysterious fire
13. おどる炎: leaping flames
14. ぱっと輝く炎: clear flame
15. 明滅する炎: flickering flames
16. 猛烈な炎: fierce flames

第四章　火

　さあ、ここで練習問題！次の中から7つ以上英語にすることが出来たら合格！ダメでも、焦らずもう一度前のページに戻ってください。

1. 失火
2. さかんな火
3. 赤々と燃えている火
4. 石炭の火
5. 消えた火
6. 消えかかった火
7. 破壊的な火
8. 勢いの悪い火
9. 壊滅的な火
10. 燃えさかる火
11. ちらちらゆらめく火
12. 原因不明の火
13. おどる炎
14. ぱっと輝く炎
15. 明滅する炎
16. 猛烈な炎

4-1 今度のテーマは「『光』にかかる修飾語」です。

1. またたく光 : twinkling light
2. きらめく光 : bickering light
3. まぶしい光 : dazzling light
4. かすかな光 : glimmering(faint) light
5. まばゆい光 : blinding light
6. 散光 : diffused light
7. 消えかかっている光 : dying light
8. 薄れていく光 : fading light
9. 淡い光 : feeble light
10. ちらちらする光 : glancing light
11. ぎらぎらする光 : glaring light
12. 不明瞭な光 : indistinct light
13. 不十分な光 : insufficient light
14. やさしい光 : tender light
15. 弱い光 : weak light

第四章　火

　さあ、ここで練習問題！次の中から7つ以上英語にすることが出来たら合格！ダメでも、焦らずもう一度前のページに戻ってください。

1. またたく光
2. きらめく光
3. まぶしい光
4. かすかな光
5. まばゆい光
6. 散光
7. 消えかかっている光
8. 薄れていく光
9. 淡い光
10. ちらちらする光
11. ぎらぎらする光
12. 不明瞭な光
13. 不十分な光
14. やさしい光
15. 弱い光

5-1 今度は「『火』に関する動詞」です。

1. 火がつく : catch fire
2. 消える : go out
3. くすぶる : smolder
4. 燃える : burn
5. 燃え広がる : spread
6. 焼く : grill, broil
7. 焦がす : scorch
8. 表面を焼く : singe
9. あぶる : roast
10. 火をかき立てる : stoke a fire
11. 火を起こす : get a fire going
12. 火傷（やけど）する : get burned
13. 点火する : ignite
14. 着火する : light
15. 出火する : fire breaks out
16. 燃え移る : spread
17. 噴火する : erupt
18. 爆発する : explode, burst
19. 鎮火する : be extinguished
20. 消火する : put out, extinguish

第四章　火

さあ、ここで練習問題！次の中から7つ以上英語にすることが出来たら合格！ダメでも、焦らずもう一度前のページに戻ってください。

1. 火がつく
2. 消える
3. くすぶる
4. 燃える
5. 燃え広がる
6. 焼く
7. 焦がす
8. 表面を焼く
9. あぶる
10. 火をかき立てる
11. 火を起こす
12. 火傷（やけど）する
13. 点火する
14. 着火する
15. 出火する
16. 燃え移る
17. 噴火する
18. 爆発する
19. 鎮火する
20. 消火する

5-2 今度は「『光』に関する動詞」です。

1. 映る : be displayed on a screen
2. 光る : shine
3. 輝く : glow
4. ぱっと光る : flash
5. ちかちかする : flicker
6. きらめく : glitter, glisten, bicker
7. つやが出る : burnish
8. 反射する : reflect
9. 屈折する : refract
10. 感光する : be exposed to light
11. 日焼けする : get a suntan
12. (光を) 発する : emit
13. (光を) 吸収する : absorb
14. (光を) 当てる : highlight
15. (光を) 通す : transmit
16. (光を) さえぎる : block off
17. (光が) 差し込む : come through

第四章　火

　さあ、ここで練習問題！次の中から7つ以上英語にすることが出来たら合格！ダメでも、焦らずもう一度前のページに戻ってください。

1. 映る
2. 光る
3. 輝く
4. ぱっと光る
5. ちかちかする
6. きらめく
7. つやが出る
8. 反射する
9. 屈折する
10. 感光する
11. 日焼けする
12. （光を）発する
13. （光を）吸収する
14. （光を）当てる
15. （光を）通す
16. （光を）さえぎる
17. （光が）差し込む

6-1 次は「『火』を使った言葉」です。「『光』を使った言葉」も含めます。「『炎』を使った言葉」は多いので後でご紹介します。

1. 火の車 : short of money
2. 火曜日 : Tuesday
3. 不知火 : mysterious lights on the sea
4. 火の玉 : fireball, will-o'-the-wisp
5. 狐火（きつねび）: will-o'-the-wisp
6. 鬼火（おにび）: will-o'-the-wisp
7. 眼光 : glitter of one's eyes
8. 観光 : sightseeing, tourism
9. 栄光 : glory
10. 光栄 : honor
11. 光学 : optics
12. ご来光 : rising sun
13. 後光 : halo

第四章　火

さあ、ここで練習問題！次の中から7つ以上英語にすることが出来たら合格！ダメでも、焦らずもう一度前のページに戻ってください。

1. 火の車
2. 火曜日
3. 不知火
4. 火の玉
5. 狐火
6. 鬼火
7. 眼光
8. 観光
9. 栄光
10. 光栄
11. 光学
12. ご来光
13. 後光

6-2 今度は「『炎』を使った言葉」です。独断ですが、結構耳にするものを集めてみました。

1. 炎症：inflammation
2. 肺炎：pneumonia
3. 腱鞘炎（けんしょうえん）：tenosynovitis
4. 胃炎：gastritis
5. 胃腸炎：gastroenteritis
6. 気管支炎：bronchitis
7. 関節炎：arthritis
8. 虫垂炎：appendicitis
9. 皮膚炎：dermatitis
10. 中耳炎：inflammation of the middle ear
11. 膀胱炎：
    inflammation of urinary bladder, cystitis
12. 口内炎：stomatitis
13. B型肝炎：hepatitis
14. 炎上〈インターネット用語〉：
    get flooded by comments

第四章　火

　さあ、ここで練習問題！次の中から7つ以上英語にすることが出来たら合格！ダメでも、焦らずもう一度前のページに戻ってください。

1. 炎症
2. 肺炎
3. 腱鞘炎
4. 胃炎
5. 胃腸炎
6. 気管支炎
7. 関節炎
8. 虫垂炎
9. 皮膚炎
10. 中耳炎
11. 膀胱炎
12. 口内炎
13. B型肝炎
14. 炎上〈インターネット用語〉

7-1 それでは「『火』を使った表現」です。「『光・闇』を使った表現」も含めます。

1. 顔から火が出る：be deeply ashamed
2. 尻に火が付く：be pressed by business
3. 目から火が出た：Pain caused dizziness.
4. 火が付いたように泣く：cry wildly(frantically)
5. 火中の栗を拾う：take a risk for someone
6. 下火になる：decline
7. 飛んで火にいる夏の虫：
   like a moth flying into the flame
8. 火に油を注ぐ：make things worse
9. 電光石火：quick as lightning
10. 光陰矢の如し（こういんやのごとし）：
    Time flies.
11. 脚光を浴びる：be performed on the stage
12. 一寸先は闇：Nobody knows the future.
13. 闇から闇に葬る：cover(hush) up
14. 闇サイト：illegal website

第四章　火

　さあ、ここで練習問題！次の中から7つ以上英語にすることが出来たら合格！ダメでも、焦らずもう一度前のページに戻ってください。

1. 顔から火が出る
2. 尻に火が付く
3. 目から火が出た
4. 火が付いたように泣く
5. 火中の栗を拾う
6. 下火になる
7. 飛んで火にいる夏の虫
8. 火に油を注ぐ
9. 電光石火
10. 光陰矢の如し
11. 脚光を浴びる
12. 一寸先は闇
13. 闇から闇に葬る
14. 闇サイト

● チョット一息

　これまでで、7つ以上のテーマでそれぞれ7つ以上ご紹介しました。火や光を見るたび、思い出すようにしてください。全部で200近くありますので、余裕のある人はチャレンジしてください。でも、ここら辺でちょっと休憩しましょう。

英語の面白表現　「火」

その **1**	"Where is the fire?" 「火事はどこ？」

意味：なにをそんなに急いでいるの？
由来：詳細は不明だが、火事が起こると思わず駆けつけることからできた模様。

＊時々、車を運転していると、すごいスピードで追い越しながら進んでいく車を見かけます。そんな時、思い出しましょう。

第四章　火

| その 2 | "burn the midnight oil"
「真夜中の油を焼く」 |

意味：徹夜する。
由来：17世紀ごろから使われていたようである。昔は電気もなく、夜には火の灯りを頼りに勉強していたことからできたものと思われる。

＊私は仕事柄、海外に行くことが結構あるのですが、飛行機の中ではほとんど眠れないので、朝に海外に着くと、まさに徹夜明けの気分です。

| その 3 | "be light years away"
「何光年も離れた」 |

意味：天地の差。ほど遠い。
由来：起源はおそらくSFものができてから、比喩として使われるようになったと思われる。

＊距離だけではなく、相違の意味でも使われるようです。世界には日本人とは全く考え方が違う人たちがたくさんいます。みなさんもそのような人を見かけたら思い出してください。

総復習問題

　それでは、「火」からいくつの単語が連想できるか力試し。7つのテーマに対して、少なくとも7つ、全部で49語言えれば合格。ダメでも無理せず、火の温かさと光の明るさを思い出しながら頑張ってください。

1. 火の仲間

2. 火の部分

3. 火と関係あるもの（人）

4. 「火」にかかる修飾語

5. 「火」に関する動詞

6. 「火」を使った言葉

7. 「火」を使った表現

　余裕がある人は、他のテーマも思い出してやってみましょう。

▶ 第五章

天気

1-1 最初のテーマは「天気の仲間」です。主にテレビで聞きそうなものにします。

1. 晴れ : sunny
2. 快晴 : clear
3. 曇り : cloudy
4. 雨 : rain
5. 雪 : snow
6. 霧 : fog
7. あられ : hail
8. ひょう : hail
9. みぞれ : sleet
10. 雷 : thunder
11. 曇りのち晴れ : cloudy, fine later
12. 晴れのち曇り : clear skies followed by clouds
13. 曇り時々雨 : cloudy with a chance of rain

第五章　天気

さあ、ここで練習問題！次の中から7つ以上英語にすることが出来たら合格！ダメでも、焦らずもう一度前のページに戻ってください。

1. 晴れ
2. 快晴
3. 曇り
4. 雨
5. 雪
6. 霧
7. あられ
8. ひょう
9. みぞれ
10. 雷
11. 曇りのち晴れ
12. 晴れのち曇り
13. 曇り時々雨

1-2 次のテーマも「天気の仲間」ですが、今度は「気候の仲間」です。理科の時間にやりましたね。

1. 温暖湿潤気候：temperate humid climate
2. 熱帯雨林気候：tropical rain forest climate
3. 亜熱帯気候：subtropical climate
4. 砂漠気候：desert climate
5. サバナ気候：savannah climate
6. 乾燥気候：arid climate
7. 寒帯気候：polar(arctic) climate
8. 亜寒帯気候：subpolar(subarctic) climate
9. 地中海性気候：Mediterranean climate
10. 高山気候：alpine climate
11. 大陸性気候：continental climate
12. 内陸性気候：inland climate
13. 海洋性気候：oceanic climate

第五章　天気

さあ、ここで練習問題！次の中から7つ以上英語にすることが出来たら合格！ダメでも、焦らずもう一度前のページに戻ってください。

1. 温暖湿潤気候
2. 熱帯雨林気候
3. 亜熱帯気候
4. 砂漠気候
5. サバナ気候
6. 乾燥気候
7. 寒帯気候
8. 亜寒帯気候
9. 地中海性気候
10. 高山気候
11. 大陸性気候
12. 内陸性気候
13. 海洋性気候

2-1 次のテーマは「天気の部分」です。それぞれの天気を構成しているものを探してみました。「太陽」は次の「宇宙」でご紹介します。

1. 晴れ間 : interval of clear weather, lull in rain
2. 日光 : sunlight
3. 空 : sky
4. 雲 : cloud
5. 雲行き : the movement of the clouds
6. 雨粒（あまつぶ）: raindrop
7. 地形 :
    geographical features, terrain, topography
8. 季節 : season
9. 風向き : wind direction
10. 気温 : temperature
11. 湿度 : humidity
12. 高度 : height, altitude
13. 生態系 : ecosystem
14. 位置 : location, place, site
15. 気圧 : atmospheric pressure

第五章　天気

　さあ、ここで練習問題！次の中から7つ以上英語にすることが出来たら合格！ダメでも、焦らずもう一度前のページに戻ってください。

1. 晴れ間
2. 日光
3. 空
4. 雲
5. 雲行き
6. 雨粒
7. 地形
8. 季節
9. 風向き
10. 気温
11. 湿度
12. 高度
13. 生態系
14. 位置
15. 気圧

3-1 次のテーマは「天気と関係あるもの（人）」です。

1. 天気予報 : weather forecast
2. 天気図 : weather map
3. 気象衛星 : weather(meteorological) satellite
4. 気象予報士 : weather forecaster
5. 風見鶏（かざみどり）: weathercock
6. 風向計 : wind vane
7. 風速計 : wind gauge, anemometer
8. 温度計 : thermometer
9. 湿度計 : hydroscope, hygrometer
10. 寒暖計 : thermometer
11. 等圧線 : isobar
12. 前線 : front
13. 降水量 : precipitation
14. 日照時間 :
    hours of sunlight, duration of sunshine

少し説明が長くなりますが、「てるてる坊主」も英語で言えるようにしてみませんか。

15. てるてる坊主 :
    a hand-made white paper or cloth doll to which children pray for the fine weather

第五章　天気

さあ、ここで練習問題！次の中から7つ以上英語にすることが出来たら合格！ダメでも、焦らずもう一度前のページに戻ってください。

1. 天気予報
2. 天気図
3. 気象衛星
4. 気象予報士
5. 風見鶏
6. 風向計
7. 風速計
8. 温度計
9. 湿度計
10. 寒暖計
11. 等圧線
12. 前線
13. 降水量
14. 日照時間
15. てるてる坊主

4-1 次のテーマは「『天気』にかかる修飾語」です。

1. さわやかな天気 : refreshing(bracing) weather
2. 雲の多い天気 : cloudy weather
3. ぐずついた天気 : raining on and off
4. 変わりやすい天気 : changeable(uncertain) weather
5. 不安定な天気 : unsettled weather
6. 荒れた天気 : rough(inclement) weather
7. 気持ちの良い天気 : comfortable weather
8. じめじめした天気 : damp weather
9. 気が滅入るような : depressing weather
10. あいにくの天気 : inopportune weather
11. 暗くどんよりした天気 : dismal weather
12. うっとうしい天気 : dull weather
13. もやのかかった天気 : hazy weather
14. 理想的な天気 : ideal weather
15. すがすがしい天気 : invigorating weather
16. 実にいやな天気 : miserable weather
17. むし暑い天気 : muggy weather
18. うんざりする天気 : rotten weather
19. 冬のような天気 : wintry weather
20. ひどい天気 : wretched weather

第五章　天気

　さあ、ここで練習問題！次の中から7つ以上英語にすることが出来たら合格！ダメでも、焦らずもう一度前のページに戻ってください。

1. さわやかな天気
2. 雲の多い天気
3. ぐずついた天気
4. 変わりやすい天気
5. 不安定な天気
6. 荒れた天気
7. 気持ちの良い天気
8. じめじめした天気
9. 気が滅入るような
10. あいにくの天気
11. 暗くどんよりした天気
12. うっとうしい天気
13. もやのかかった天気
14. 理想的な天気

15. すがすがしい天気

16. 実にいやな天気

17. むし暑い天気

18. うんざりする天気

19. 冬のような天気

20. ひどい天気

第五章　天気

4-2 次は「『気候』にかかる修飾語」です。「天気」とよく似たものもありますが、英単語は出来る限り違うものをご紹介します。

1. 北極の気候：arctic climate
2. 乾燥した気候：arid climate
3. さわやかな気候：balmy climate
4. 性に合った気候：congenial climate
5. 活力を失わせる気候：debilitating climate
6. 極端な気候：extreme climate
7. 穏やかな気候：gentle climate
8. 厳しい気候：harsh(severe) climate
9. ひどくいやな気候：nasty climate
10. 油断のならない気候：treacherous climate
11. 健康によくない気候：unhealthy climate
12. 不快な気候：unpleasant climate
13. 気持ちのよい気候：agreeable climate

さあ、ここで練習問題！次の中から7つ以上英語にすることが出来たら合格！ダメでも、焦らずもう一度前のページに戻ってください。

1. 北極の気候
2. 乾燥した気候
3. さわやかな気候
4. 性に合った気候
5. 活力を失わせる気候
6. 極端な気候
7. 穏やかな気候
8. 厳しい気候
9. ひどくいやな気候
10. 油断のならない気候
11. 健康によくない気候：
12. 不快な気候
13. 気持ちのよい気候

第五章　天気

5-1　今度のテーマは「『天気』に関する動詞」です。「天候」のそれぞれに関する動詞も含めます。

1. （天気が）晴れる：clear
2. （天気が）変わる：change
3. （天気が）くずれる：break
4. （天気が）悪化する：deteriorate
5. （天気が）もつ：hold
6. （天気を）予報する：predict
7. （天気を）予想する：expect
8. （雨が）上がる：stop, let up
9. （雨が）降りそそぐ：pour
10. （雨が）小降りになる：abate
11. （雨が）地面にしみこむ：soak into the ground
12. （雪が）積もる：lie thick
13. （雪が）解ける：melt

さあ、ここで練習問題！次の中から７つ以上英語にすることが出来たら合格！ダメでも、焦らずもう一度前のページに戻ってください。

1. （天気が）晴れる
2. （天気が）変わる
3. （天気が）くずれる
4. （天気が）悪化する
5. （天気が）もつ
6. （天気を）予報する
7. （天気を）予想する
8. （雨が）上がる
9. （雨が）降りそそぐ
10. （雨が）小降りになる
11. （雨が）地面にしみこむ
12. （雪が）積もる
13. （雪が）解ける

第五章　　天気

6-1 今度のテーマは「『天気』を使った言葉」です。「天候」を使った言葉も含めます。

 1. 能天気 : carefree, optimistic
 2. お天気屋 : moody person
 3. 晴れ着 : one's best clothes
 4. 晴れ姿 : appearing in one's best clothes
 5. 晴れ舞台 : big moment
 6. 曇り止め : anti-steam
 7. 曇りガラス : frosted glass
 8. 曇りのない心 : clear consciousness
 9. 流星雨 : meteor shower
10. アメフラシ : sea hare
11. 紙吹雪 : confetti
12. 桜吹雪 : falling cherry blossoms
13. 雪駄（せった）: leather-soled sandals

さあ、ここで練習問題！次の中から7つ以上英語にすることが出来たら合格！ダメでも、焦らずもう一度前のページに戻ってください。

1. 能天気
2. お天気屋
3. 晴れ着
4. 晴れ姿
5. 晴れ舞台
6. 曇り止め
7. 曇りガラス
8. 曇りのない心
9. 流星雨
10. アメフラシ
11. 紙吹雪
12. 桜吹雪
13. 雪駄

第五章　天気

7-1 今度のテーマは「『天気』を使った言葉」です。「天候」を使った言葉も含めます。

1. 素晴らしい：beautiful, wonderful, splendid
2. 思いを晴らす：get one's revenge
3. 無念を晴らす：pay off old scores
4. 晴れ晴れしい：cheerful, bright
5. 天下晴れて：right and proper
6. 疑惑が晴れる：get rid of one's doubt
7. 気分が晴れる：be refreshed
8. 晴天の霹靂（へきれき）：bolt out of the blue
9. 明日は明日の風が吹く：
   Tomorrow is another day.
10. 女心と秋の空：
    A woman's mind is unpredictable.
11. 雨降って地固まる：
    Trouble strengthen the foundations.
12. 雨が降ろうが槍が降ろうが：
    whatever(no matter what) happens

さあ、ここで練習問題！次の中から7つ以上英語にすることが出来たら合格！ダメでも、焦らずもう一度前のページに戻ってください。

1. 素晴らしい
2. 思いを晴らす
3. 無念を晴らす
4. 晴れ晴れしい
5. 天下晴れて
6. 疑惑が晴れる
7. 気分が晴れる
8. 晴天の霹靂
9. 明日は明日の風が吹く
10. 女心と秋の空
11. 雨降って地固まる
12. 雨が降ろうが槍が降ろうが

第五章　天気

● チョット一息

　これまでで、7つ以上のテーマでそれぞれ7つ以上ご紹介しました。空を見るたび、思い出すようにしてください。全部で100以上ありますので、余裕のある人はチャレンジしてください。でも、ここら辺でちょっと休憩しましょう。

英語の面白表現　「天気」

| その **1** | "on cloud nine" 「9番目の雲の上」 |

意味：大変幸福な。
由来：ダンテの「神話喜劇」の中の the ninth heaven が一番神に近く、幸福とされていることから出来た表現のようである。

＊人生、辛いことは多いですが、時々、このように感じてみたいものです。

その 2	"The sky is the limit." 「空が限界」

意味：限度なし。
由来：詳しくは不明だが、結構新しい表現らしい。20世紀初期に最初に発見されたようである。

＊食べ放題のパーティーに行ったら、ぜひ思い出してください。

その 3	"Every cloud has silver lining." 「すべての雲には銀色の裏地がある」

意味：どんな不幸にもかならず幸いがある。
由来：17世紀中ごろ、最初に使用された模様。実際の映像から作られた表現と思われる。

＊みなさんも過去を振り返ってみてください。辛かったことは必ずしも無駄ではなかったのではないでしょうか。

第五章　天気

総復習問題

それでは、「天気」からいくつの単語が連想できるか力試し。7つのテーマに対して、少なくとも7つ、全部で49語言えれば合格。ダメでも無理せず、空を眺めたり色んな天気を思い出しながら頑張ってください。

1. 天気の仲間

2. 天気の部分

3. 天気と関係あるもの（人）

4. 「天気」にかかる修飾語

5. 「天気」に関する動詞

6. 「天気」を使った言葉

7. 「天気」を使った表現

余裕がある人は、他のテーマも思い出してやってみましょう。

▶ 第六章
宇宙

次のトピックは「宇宙」です。夜空を見ながら、アメリカ人の友達と星座の話をしたのを覚えています。

1-1 最初のテーマは「宇宙の仲間」です。

1. 宇宙：universe, space
2. 大宇宙：macrocosm
3. 天体：heavenly body
4. 天：heaven
5. 天球：celestial sphere
6. 天上界：celestial world
7. 秩序ある総体（宇宙）：cosmos
8. 宇宙空間：space
9. 全世界：whole world
10. 森羅万象（しんらばんしょう）：all creation
11. 天地万物（てんちばんぶつ）：whole creation
12. 物質的世界：physical(material) world
13. 精神世界：spiritual world

第六章　宇宙

さあ、ここで練習問題！次の中から7つ以上英語にすることが出来たら合格！ダメでも、焦らずもう一度前のページに戻ってください。

1. 宇宙
2. 大宇宙
3. 天体
4. 天
5. 天球
6. 天上界
7. 秩序ある総体（宇宙）
8. 宇宙空間
9. 全世界
10. 森羅万象
11. 天地万物
12. 物質的世界
13. 精神世界

2-2 次のテーマも「宇宙の部分」です。今度は少し特定したものです。

1. 太陽：sun
2. 水星：Mercury
3. 金星：Venus
4. 地球：Earth
5. 火星：Mars
6. 木星：Jupiter
7. 土星：Saturn
8. 天王星：Uranus
9. 海王星：Neptune
10. 冥王星：Pluto
11. 月：Moon
12. 太陽系：solar system
13. 銀河系：galaxy
14. 天の川：the Milky Way
15. 北極星：the polar star

第六章　宇宙

さあ、ここで練習問題！次の中から7つ以上英語にすることが出来たら合格！ダメでも、焦らずもう一度前のページに戻ってください。

1. 太陽
2. 水星
3. 金星
4. 地球
5. 火星
6. 木星
7. 土星
8. 天王星
9. 海王星
10. 冥王星
11. 月
12. 太陽系
13. 銀河系
14. 天の川
15. 北極星

2-3 次のテーマも「宇宙の部分」です。今度はよく聞く星座です。

1. 星座 : constellation
2. 北斗七星 : the Big Dipper
3. おひつじ座 : Aries
4. おうし座 : Taurus
5. ふたご座 : Gemini
6. かに座 : Cancer
7. しし座 : Leo
8. おとめ座 : Virgo
9. てんびん座 : Libra
10. さそり座 : Scorpio
11. いて座 : Sagittarius
12. やぎ座 : Capricorn
13. みずがめ座 : Aquarius
14. うお座 : Pisces

第六章　宇宙

さあ、ここで練習問題！次の中から7つ以上英語にすることが出来たら合格！ダメでも、焦らずもう一度前のページに戻ってください。

1. 星座
2. 北斗七星
3. おひつじ座
4. おうし座
5. ふたご座
6. かに座
7. しし座
8. おとめ座
9. てんびん座
10. さそり座
11. いて座
12. やぎ座
13. みずがめ座
14. うお座

3-1 今度のテーマは「宇宙と関係あるもの(人)」です。

1. 太陽暦 : solar calendar
2. 太陰暦 : lunar calendar
3. 天体望遠鏡 : telescope
4. 天文台 : astronomical observatory
5. 天文学 : astronomy
6. 占星術 : astrology
7. 星座表 : table of constellations
8. 星座早見表 : star chart
9. 十二宮(じゅうにきゅう) : zodiac
10. 宇宙飛行士 : astronaut
11. 天文学者 : astronomer
12. 宇宙人 : alien, spaceman
13. 宇宙船 : spaceship
14. 探査船 : probe, research vessel
15. 人工衛星 : artificial satelite
16. 星占い : horoscope
17. 宇宙食 : space food
18. 地動説 : heliocentric(Copernican) theory
19. 天動説 : geocentric(Ptolemaic) theory

第六章　宇宙

さあ、ここで練習問題！次の中から7つ以上英語にすることが出来たら合格！ダメでも、焦らずもう一度前のページに戻ってください。

1. 太陽暦
2. 太陰暦
3. 天体望遠鏡
4. 天文台
5. 天文学
6. 占星術
7. 星座表
8. 星座早見表
9. 十二宮
10. 宇宙飛行士
11. 天文学者
12. 宇宙人
13. 宇宙船
14. 探査船
15. 人工衛星
16. 星占い
17. 宇宙食
18. 地動説：
19. 天動説

4-1 次のテーマは「『宇宙』にかかる修飾語」です。宇宙を意味する「空間」も含めます。

1. 惑星間空間 : interplanetary space
2. 星間空間 : interstellar space
3. ゆがんだ空間 : warped space
4. 太陽系外空間 : outer space
5. 内部空間 : inner space
6. 無限の宇宙 : infinite space
7. 広大な宇宙 : vast space
8. 未知の宇宙 : unknown space
9. 進化する宇宙 : evolving universe
10. 神話的宇宙 : mythological universe
11. 仮想宇宙 : virtual universe
12. 平行宇宙 : parallel universe
13. 多元宇宙 : multiverse

第六章　宇宙

　さあ、ここで練習問題！次の中から７つ以上英語にすることが出来たら合格！ダメでも、焦らずもう一度前のページに戻ってください。

1. 惑星間空間
2. 星間空間
3. ゆがんだ空間
4. 太陽系外空間
5. 内部空間
6. 無限の宇宙
7. 広大な宇宙
8. 未知の宇宙
9. 進化する宇宙
10. 神話的宇宙
11. 仮想宇宙
12. 平行宇宙
13. 多元宇宙

5-1 次のテーマは「『宇宙』に関する動詞」です。

1. （宇宙を）探索する：explore
2. （宇宙を）静観する：contemplate
3. （宇宙を）航行する：navigate
4. （宇宙を）研究する：study
5. （宇宙を）調査する：investigate
6. （宇宙を）征服する：conquer
7. （宇宙を）支配する：govern, control
8. （宇宙を）開発する：develop
9. （宇宙を）開拓する：colonize
10. （宇宙が）拡大する：expand
11. 天体観測をする：observe the stars
12. 宇宙遊泳をする：
    walk in space, take a spacewalk

第六章　宇宙

さあ、ここで練習問題！次の中から7つ以上英語にすることが出来たら合格！ダメでも、焦らずもう一度前のページに戻ってください。

1. （宇宙を）探索する
2. （宇宙を）静観する
3. （宇宙を）航行する
4. （宇宙を）研究する
5. （宇宙を）調査する
6. （宇宙を）征服する
7. （宇宙を）支配する
8. （宇宙を）開発する
9. （宇宙を）開拓する
10. （宇宙が）拡大する
11. 天体観測をする
12. 宇宙遊泳をする

6-1 次のテーマは「『宇宙』を使った言葉」です。といっても「宇宙」という言葉ではなく、「天」と「星」で行かせていただきます。。

1. 天文学的数字 : astronomical figure
2. 天皇 : emperor
3. 先天性 : hereditary, congenital
4. 後天性 : acquired
5. 天使 : angel
6. 天井 : ceiling
7. 天然 : nature
8. 天然ボケ : a bit off, empty-minded
9. 天秤（てんびん）: scales, balance
10. 脳天 : crown of the head
11. 寒天（かんてん）: agar
12. 天ぷら : deep-fried food in batter
13. 星砂 : star sand
14. 白星 : victory mark
15. 黒星 : defeat mark
16. 図星 : bull's-eye
17. 星印 : asterisk, star

第六章　宇宙

　さあ、ここで練習問題！次の中から7つ以上英語にすることが出来たら合格！ダメでも、焦らずもう一度前のページに戻ってください。

1. 天文学的数字
2. 天皇
3. 先天性
4. 後天性
5. 天使
6. 天井
7. 天然
8. 天然ボケ
9. 天秤
10. 脳天
11. 寒天
12. 天ぷら
13. 星砂
14. 白星
15. 黒星
16. 図星
17. 星印

7-1 次のテーマは「『宇宙』を使った表現」です。

1. 意気衝天 : in high spirits
2. 天真爛漫 : innocence, naturalness, openness
3. 天井効果 : ceiling effect
4. 天下一品 : unrivaled, unequaled
5. 天は二物を与えず :
   God does not give two gifts.
6. 天にも昇る心地 : be in seventh heaven
7. びっくり仰天する : be astonished(amazed)
8. 運を天に任せる :
   leave to chance, trust to luck
9. 天に召される : die, ascend to heaven
10. かかあ天下 : henpecked
11. 金は天下の回り物 : money comes and goes
12. 天高く馬肥ゆる秋 : fine weather in autumn
13. 星の数ほど : as abundant as stars
14. 星を稼ぐ : have many wins
15. 目星が付く : get an idea

第六章　宇宙

さあ、ここで練習問題！次の中から7つ以上英語にすることが出来たら合格！ダメでも、焦らずもう一度前のページに戻ってください。

1. 意気衝天
2. 天真爛漫
3. 天井効果
4. 天下一品
5. 天は二物を与えず
6. 天にも昇る心地
7. びっくり仰天する
8. 運を天に任せる
9. 天に召される
10. かかあ天下
11. 金は天下の回り物
12. 天高く馬肥ゆる秋
13. 星の数ほど
14. 星を稼ぐ
15. 目星が付く

● チョット一息

　これまでで、7つ以上のテーマでそれぞれ7つ以上ご紹介しました。空を見るたび、思い出すようにしてください。全部で100以上ありますので、余裕のある人はチャレンジしてください。でも、ここら辺でちょっと休憩しましょう。

英語の面白表現　「宇宙」

| その **1** | "space cadet"
「宇宙飛行訓練生」 |

意味：ぼぅっとした人。
由来：詳細は不明だが、"spaced out"という表現が元らしい。少しおどけて誰かが"space cadet"という表現に変えたのかも知れない。

＊私も結構ぼぅっとして人の話をあまり聞いていないことがあり、よく叱られます。まさに、この状態ですね。

第六章　宇宙

| その 2 | "reach for the stars"
「星に手を伸ばす」 |

意味：高望みする。
由来：詳細は分からないが、実際に星には手が届かないところから出来た表現のようである。

＊夢は大きい方がいいと思うんですが…。

| その 3 | "once in a blue moon"
「一度青い月で」 |

意味：ごくまれに。
由来：起源は不明だが、火山の噴火の後、煙の影響で本当に月が青く見えるらしく、実際、めったに起こらないことから出来た表現と思われる。

＊私は夜、ジョギングしていたとき、はるか遠くの空で、流れ星がボッと燃えるのをみたことがあります。隕石だったら大変だったでしょうが、まさに一生に一度見られるかどうかの経験でした。

総復習問題

　それでは、「宇宙」からいくつの単語が連想できるか力試し。7つのテーマに対して、少なくとも7つ、全部で49語言えれば合格。ダメでも無理せず、夜の空を思い出しながら頑張ってください。

1. 宇宙の仲間

2. 宇宙の部分

3. 宇宙と関係あるもの（人）

4. 「宇宙」にかかる修飾語

5. 「宇宙」に関する動詞

6. 「宇宙」を使った言葉

7. 「宇宙」を使った表現

　余裕がある人は、他のテーマも思い出してやってみましょう。

第七章

現象

1-1 まずは、「現象の仲間」です。自然界には色々な現象が存在します。ただ、この本は科学の本ではないので、それぞれの現象の説明は省きたいと思います。なので、独断ではありますが、我々がよく耳にする現象を英語でご紹介します。

1. 現象：phenomenon
2. 原因：cause
3. 効果：effect
4. 皆既日食：total solar eclipse
5. 金環食：annular solar eclipse
6. 部分日食：partial solar eclipse
7. 月食：lunar eclipse
8. 虹：rainbow
9. オーロラ：aurora
10. 蜃気楼：mirage
11. かげろう：heat haze, shimmer
12. 不知火（しらぬい）：
    mysterious lights on the sea
13. （日や月の）かさ：halo
14. 夕焼け：sunset

第七章　現象

さあ、ここで練習問題！次の中から7つ以上英語にすることが出来たら合格！ダメでも、焦らずもう一度前のページに戻ってください。

1. 現象
2. 原因
3. 効果
4. 皆既日食
5. 金環食
6. 部分日食
7. 月食
8. 虹
9. オーロラ
10. 蜃気楼
11. かげろう
12. 不知火
13. （日や月の）かさ
14. 夕焼け

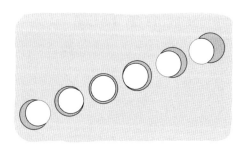

2-1 次のテーマは「現象の部分」です。つまり「現象」を起こしている要因となっているものをご紹介します。

1. (光の) 屈折 : refraction
2. (光の) 反射 : reflection
3. 軌道 : orbit
4. 周期 : cycle, period
5. 黄道 (こうどう) : ecliptic
6. 公転 : revolution
7. 自転 : rotation
8. 整列 : alignment
9. 比率 : proportion
10. 角度 : angle
11. 温度勾配 (こうばい) : temperature gradient
12. 磁気 : magnetism
13. 波長 : wavelength

第七章　現象

さあ、ここで練習問題！次の中から7つ以上英語にすることが出来たら合格！ダメでも、焦らずもう一度前のページに戻ってください。

1. （光の）屈折
2. （光の）反射
3. 軌道
4. 周期
5. 黄道
6. 公転
7. 自転
8. 整列
9. 比率
10. 角度
11. 温度勾配
12. 磁気
13. 波長

3-1 次のテーマは「現象と関係あるもの（人）」です。

1. 知覚：perception
2. 認識：recognition
3. 観察：observation
4. 本質：essence, real nature
5. 実験：experiment
6. 科学者：scientist
7. 物理学者：physicist
8. 心理学者：psychologist
9. 気象：atmospheric phenomena
10. 第六感：sixth sense
11. 霊感：inspiration
12. 霊媒師：medium
13. 幻覚：hallucination
14. 幻聴：auditory hallucination
15. 共時性〈シンクロニシティ〉：synchronicity
16. 概念：concept
17. 法則：law, rule

第七章　現象

さあ、ここで練習問題！次の中から7つ以上英語にすることが出来たら合格！ダメでも、焦らずもう一度前のページに戻ってください。

1. 知覚
2. 認識
3. 観察
4. 本質
5. 実験
6. 科学者
7. 物理学者
8. 心理学者
9. 気象
10. 第六感
11. 霊感
12. 霊媒師
13. 幻覚
14. 幻聴
15. 共時性
16. 概念
17. 法則

4-1 次のテーマは「『現象』にかかる修飾語」です。「効果」も少し含めます。

1. 不思議な現象：amazing phenomenon
2. 奇妙な現象：strange phenomenon
3. 神秘的な現象：mysterious phenomenon
4. 不可解な現象：
   incomprehensible phenomenon
5. 信じられない現象：
   unbelievable phenomenon
6. 超常現象：
   supernatural(paranormal) phenomenon
7. 異常現象：abnormal phenomenon
8. 液状化現象：liquefaction phenomenon
9. 心霊現象：spiritual phenomenon
10. 怪奇現象：unnatural phenomenon
11. 生理現象：physiological phenomenon
12. 共鳴現象：resonance phenomenon
13. 社会現象：social phenomenon
14. 毛細管現象：capillary phenomenon
15. 宣伝効果：propaganda effect
16. 音響効果：sound effect
17. 温室効果：greenhouse effect
18. 相乗効果：multiplier effect

第七章　現象

さあ、ここで練習問題！次の中から7つ以上英語にすることが出来たら合格！ダメでも、焦らずもう一度前のページに戻ってください。

1. 不思議な現象
2. 奇妙な現象
3. 神秘的な現象
4. 不可解な現象
5. 信じられない現象
6. 超常現象
7. 異常現象
8. 液状化現象
9. 心霊現象
10. 怪奇現象
11. 生理現象
12. 共鳴現象
13. 社会現象
14. 毛細管現象
15. 宣伝効果
16. 音響効果
17. 温室効果
18. 相乗効果

5-1 次のテーマは「『現象』に関する動詞」です。

1. 観察する：observe
2. 目撃する：witness
3. 確認する：confirm
4. 再現する：reproduce
5. 引き起こす：cause
6. 表す：represent
7. 調査する：study, investigate
8. 検証する：validate
9. 立証する：prove, demonstrate
10. 解明する：unravel
11. 解説する：explain
12. 肯定する：affirm
13. 否定する：deny
14. 疑う：doubt
15. 対応する：correspond

第七章　現象

さあ、ここで練習問題！次の中から7つ以上英語にすることが出来たら合格！ダメでも、焦らずもう一度前のページに戻ってください。

1. 観察する
2. 目撃する
3. 確認する
4. 再現する
5. 引き起こす
6. 表す
7. 調査する
8. 検証する
9. 立証する
10. 解明する
11. 解説する
12. 肯定する
13. 否定する
14. 疑う
15. 対応する

5-1 次のテーマは「『現象』を使った言葉」です。なかなか思い浮かばないので、「現」と「象」に分けてご紹介します。

1. 現実 : reality
2. 現在 : present
3. 現状 : current(present) situation
4. 現場 : scene
5. 現地 : on the spot
6. 現行 : current
7. 現金 : cash
8. 現品 : goods on display
9. 現物 : actual thing
10. 仮想現実 : virtual reality
11. 対象 : subject, target
12. 印象 : impression
13. 象徴 : symbol, emblem
14. 象牙（ぞうげ）: ivory, tusk
15. 象形文字 : hieroglyph

第七章　現象

さあ、ここで練習問題！次の中から7つ以上英語にすることが出来たら合格！ダメでも、焦らずもう一度前のページに戻ってください。

1. 現実
2. 現在
3. 現状
4. 現場
5. 現地
6. 現行
7. 現金
8. 現品
9. 現物
10. 仮想現実
11. 対象
12. 印象
13. 象徴
14. 象牙
15. 象形文字

7-1
次のテーマは「『現象』を使った表現」です。ここでもなかなか思い浮かばないので、「現」と「象」や、「効果」も含めます。

1. 老化現象：aging
2. 表現の自由：freedom of expression
3. 現状維持：maintenance of the status quo
4. 自己実現：self-realization
5. 現品限り：on-shelf stock only
6. 現（うつつ）を抜かす：
   be hooked on, be infatuated
7. 現代社会：modern society
8. 現金な：calculating, mercenary
9. 現行犯で捕まえる：catch red-handed
10. 有象無象（うぞうむぞう）：
    mob, the masses, rabble
11. 効果的：effective
12. 効果てきめん：The effect is magical.
13. 逆効果：opposite effect
14. 効果音：sound effect

第七章　現象

さあ、ここで練習問題！次の中から7つ以上英語にすることが出来たら合格！ダメでも、焦らずもう一度前のページに戻ってください。

1. 老化現象
2. 表現の自由
3. 現状維持
4. 自己実現
5. 現品限り
6. 現を抜かす
7. 現代社会
8. 現金な
9. 現行犯で捕まえる
10. 有象無象
11. 効果的
12. 効果てきめん
13. 逆効果
14. 効果音

● **チョット一息**

これまでで、7つ以上のテーマでそれぞれ7つ以上ご紹介しました。不思議な現象にはそんなに出会うことはないかも知れませんが、虹を見たときなど、思い出すようにしてください。全部で100以上ありますので、余裕のある人はチャレンジしてください。でも、ここら辺でちょっと休憩しましょう。

英語の面白表現　「現象」

| その❶ | "chase rainbows"「虹を追いかける」 |

意味：不可能なことを追求する。
由来：不明だが、実際追いつけるものではないので、そのまま使用されるようになったと思われる。

＊確かに誰が考えても無理だと思えることでも、それに向かって突き進んでいる人は素晴らしいと思うことがあります。空を飛ぶことも昔は不可能だと思われていたのですから。

第七章　現象

| その 2 | "pot of gold at the end of the rainbow"
「虹の果てにある金のつぼ」 |

意味：見果てぬ夢。
由来：昔の人が、虹の果てには金のつぼがある、という伝説を考えたらしい。

＊「虹」は素晴らしいものだと思うのですが、どうも英語ではいい意味に使われていないようで、残念です。

| その 3 | "be in eclipse"
「欠けている」 |

意味：下火である。
由来：起源は不明のようだが、文字通り、日食や月食のように欠けていく様子を例えとしたのではないであろうか。もしかすると、順番は逆なのかもしれない。

＊最近、お笑いを見ていると、時々このように感じることがあります。一発屋さん、ごめんなさい。

総復習問題

それでは、「現象」からいくつの単語が連想できるか力試し。7つのテーマに対して、少なくとも7つ、全部で49語言えれば合格。ダメでも無理せず、世の中の不思議な現象のことを思い出しながら頑張ってください。

1. 現象の仲間

2. 現象の部分

3. 現象と関係あるもの（人）

4. 「現象」にかかる修飾語

5. 「現象」に関する動詞

6. 「現象」を使った言葉

7. 「現象」を使った表現

余裕がある人は、他のテーマも思い出してやってみましょう。

おわりに

　いかがでしたか？私もこの本を書くため、散歩しながら色んなものを観察し、思いつく限り調べてみました。色んな発見があり、辞書を調べ、さらに語彙を増やすことが出来ました。まだまだ「乗り物編」、「趣味編」と続けていきたいと思います。

　英語が苦手と思っている人たちを、なんとか「英語好き」になってもらいたいので、毎日、新しいことを考えるようにしています。

　私が尊敬する宇田博士という方が「『自然』から学ぶのが一番」とおっしゃっておられました。確かに、自然は裏切らないと思います。時には自然災害で悩まされることもありますが、その後の人々の団結力を見ていると、やはり「自然」は「無駄」なものではないと実感いたします。

　読んでいただきありがとうございました。

著者略歴

前田　和彦（まえだ・かずひこ）

　1963年　大阪市生まれ。近畿大学法学部卒業後、カンザス大学大学院修士課程修了。専門は英語教育学。
　現在　大阪商業大学准教授。
　著書「TOEIC®テスト速解ナビゲーター・リーディング編」（共著・三修社）。「授業の『つかみ』は最初の5分－英語教師編－」（燃焼社）。「授業の『つかみ』は最初の5分　パート2－英文法編－」（燃焼社）。「『Mr.夢ゥ』：『夢』という名の旅立ち」（燃焼社）。「『Mr.夢ゥ』Ⅱ：『夢』という名の道しるべ」（燃焼社）。「『Mr.夢ゥ』Ⅲ：『夢幽界』の絆」（燃焼社）。「Good Job！ : Basic Skills for Better English」（共著・金星堂）。「増やしたもん勝ち英単語－動物編－」（燃焼社）。「増やしたもん勝ち英単語－植物編－」（燃焼社）。「増やしたもん勝ち英単語－人体編－」（燃焼社）。

増やしたもん勝ち英単語　－自然編－

平成30年3月26日　第1版1刷発行		
	©著　者	前　田　和　彦
	発行者	藤　波　　　優
	発行所	㈱燃　焼　社
	〒558-0046	大阪市住吉区上住吉2-2-29 Ｔ　Ｅ　Ｌ　　06（6616）7479 Ｆ　Ａ　Ｘ　　06（6616）7480 振替口座　　00940-4-67664
	印刷所	㈱ユ　ニ　ッ　ト
	製本所	㈱佐伯製本所

ISBN 978-4-88978-126-7　　　　　　　　Printed in Japan 2018

落丁・乱丁本はお取替えいたします。